本书是2019年度教育部人文社科专项（中国特色社会主义理论体系研究）：意识形态领导权与高校思政课话语自觉研究（19JD710017）的结项成果。

PHILOSOPHY

人民日报学术文库

高校思政课话语自觉研究

陈晓曦 ｜ 著

人民日报出版社

北京

图书在版编目（CIP）数据

高校思政课话语自觉研究／陈晓曦著 . —北京：
人民日报出版社，2022.9
ISBN 978-7-5115-7398-8

Ⅰ.①高… Ⅱ.①陈… Ⅲ.①高等学校—思想政治教
育—研究—中国 Ⅳ.①G641

中国版本图书馆 CIP 数据核字（2022）第 112893 号

书　　名：高校思政课话语自觉研究
　　　　　GAOXIAO SIZHENGKE HUAYU ZIJUE YANJIU
著　　者：陈晓曦

出 版 人：刘华新
责任编辑：梁雪云　陈　佳
封面设计：中联华文

出版发行：人民日报出版社
社　　址：北京金台西路 2 号
邮政编码：100733
发行热线：（010）65369509　65369512　65363531　65363528
邮购热线：（010）65369530　65363527
编辑热线：（010）65369526　65363486
网　　址：www.peopledailypress.com
经　　销：新华书店
印　　刷：三河市华东印刷有限公司
法律顾问：北京科宇律师事务所　010-83622312

开　　本：710mm×1000mm　1/16
字　　数：105 千字
印　　张：9
版次印次：2022 年 9 月第 1 版　　2022 年 9 月第 1 次印刷

书　　号：ISBN 978-7-5115-7398-8
定　　价：85.00 元

自　序

　　我在滁州学院马克思主义学院任教已有七八个年头，至今我还清晰地记得当初来试讲时的情景。我在文学楼一楼的一间教室，大谈马克思主义中国化。我是从文化交流史的角度来切入的。为了阐明这个道理，我中间说到了佛教中国化。究竟佛教中国化与马克思主义中国化，是否以及在何种意义上可以构成类比呢？因为马克思主义中国化的过程，与其说是一桩文化交流事件，毋宁说今天的中国还处在这样的历史进程中。而这里可能关涉到一个问题，就是思政课教师的话语。

　　毫无疑问，每个人都有自己的个性话语，思政课教师往往会因为自己的个性话语成为可识别度很高的教师。当然，说到话语它绝不仅仅指日常口语和教学用语，它也包括学术话语，甚至全部的思维都可以说成是话语。语言总是在进行双向的揭示。

　　这些年中，我清楚地记得有一次开会，其中一个老师说教师节放在每年的 9 月 10 日毫无根据，应该放在 9 月 28 日，因为那一天是孔子的生日。孔子在教育史上的地位是毋庸赘言的。这个建议对吗？确实很多人赞成，说这是一种文化自信。同样，在微信朋友圈上也经常发现

"中华传统文化全面复兴"的消息，言辞显得颇为激动，不少也是思政同人发的或转发的。在思政类微信群中，还能听到很多同事"交心"：马克思主义基本原理也好，毛泽东思想也好，归根到底都是教人学好……

首先，文化自信就是对传统文化高看吗？我理解复兴的对象是"中华民族"，振兴的对象也是中华民族。为什么呢？道理其实非常简单、明确，中国特色社会主义文化，包含中华优秀传统文化、革命文化和社会主义先进文化，此牵涉到对理论的根本理解，更需要高校思政课老师在话语上形成自觉。同样，马克思主义基本原理与毛泽东思想，诚然远远地超越教人学好，它关联唯物史观和中国道路的来龙去脉。高校四门思政主干课不是思想道德修养与法律基础这门课的加强和延伸，而是各有其专门的角度。把其他的"原理"课、"纲要"课、"概论"课都上成人生哲学课，乃是一种典型的话语不自觉。

出于一直以来这样的思考，我申报了这个课题。前四章带有一定的学术性、理论性，后三章是我这些年对相关问题的专门论述。我把它们结集在一起，与前四章合成一本小书。需要声明的是，前四章的理论部分其实远远还不够"理论"。一方面，是学术界关于意识形态的理论著作，已经非常丰富了；另一方面，也是更加主要的方面，是我本人理论功底有限，写不出那么专业化的内容，毕竟没有经历过"环节必然性"的长期训练，因而也就无法迎来"整体自由性"丰赡。不过，可以辩护的是，我是结合着课题本身来进行的理论梳理和分析，也即我是从高校思政课教师如何做到话语自觉，其中需要注意些什么、需要澄清些什么的视角来切入的。对于后三章的逻辑关系，自然还需要一个辩护，至少也是一个说明，否则这样赫然呈现，多少也会叫人莫名。主要是，这些问题可能是任何一个勤于思考的高校思政课教师都会遇到的，虽然是点状的，但其中涉及的问题还是那个总问题：唯物史观与中国道路，高校思政课教师的总任务也要在这个总问题下践行话语自觉。

是为序。

陈晓曦

2020 年 3 月 15 日

于滁州学院蔚然苑

目 录
CONTENTS

第一章

导 论

本论题显然分为两个部分，当然在今天马克思主义中国化的语境中它们又是高度统一的。第一部分就是理解意识形态，即意识形态领导权和主导权；第二部分是高校思政课的话语自觉，即如何贯彻体现意识形态领导权和主导权。

一、意识形态工作意义攸关

近年来各种自由主义、虚无主义声音混杂，引领社会思潮凝聚社会共识的任务迫在眉睫。所以，有必要继续推进马克思主义中国化时代化大众化，坚持不懈用中国特色社会主义理论体系武装全党、教育人民，深入实施马克思主义理论研究和建设工程，建设哲学社会科学创新体系，推动中国特色社会主义理论体系进教材进课堂进头脑。有人曾形象地把马克思主义中国化时代化大众化概括为"从布鲁塞尔到井冈山"，当然从根本上说还是唯物史观与中国道路这一总课题。面对多元文化的实际，党中央提出要广泛开展理想信念教育，把广大人民团结凝聚在中国特色社会主义伟大旗帜之下。大力弘扬民族精神和时代精神，深入开展爱国主义、集体主义、社会主义教育，丰富人民精神世界，增强人民精神力量。倡导富强、民主、文明、和谐，倡导自由、平等、公正、法治，倡导爱国、敬业、诚信、友善，积极培育和践行社会主义核心价值观。在哲学上这体现了一与多的辩证统一。归根结底，必须牢牢掌握意识形态工作领导权和主导权，坚持正确导向，提高引导能力，壮大主流思想舆论。

中国共产党第十九次全国代表大会报告中，首先，在"过去五年的工作和历史性变革"部分中关于思想文化建设取得重大进展方面明确提出，加强党对意识形态工作的领导，党的理论创新全面推进，马克思主义在意识形态领域的指导地位更加鲜明，中国特色社会主义和中国梦深入人心，社会主义核心价值观和中华优秀传统文化广泛弘扬，群众性精神文明创建活动扎实开展。公共文化服务水平不断提高，文艺创作持续繁荣，文化事业和文化产业蓬勃发展，互联网建设管理运用不断完善，全民健身和竞技体育全面发展。主旋律更加响亮，正能量更加强劲，文化自信得到彰显，国家文化软实力和中华文化影响力大幅提升，全党全社会思想上的团结统一更加巩固。

其次，在深刻领会新时代中国特色社会主义思想的精神实质和丰富内涵的要求方面，提出要坚持社会主义核心价值体系。文化自信是一个国家、一个民族发展中更基本、更深沉、更持久的力量。必须坚持马克思主义，牢固树立共产主义远大理想和中国特色社会主义共同理想，培育和践行社会主义核心价值观，不断增强意识形态领域主导权和话语权，推动中华优秀传统文化创造性转化、创新性发展，继承革命文化，发展社会主义先进文化，不忘本来、吸收外来、面向未来，更好构筑中国精神、中国价值、中国力量，为人民提供精神指引。

最后，在"坚定文化自信，推动社会主义文化繁荣兴盛"部分指出，中国特色社会主义文化，源自中华民族五千多年文明历史所孕育的中华优秀传统文化，熔铸于党领导人民在革命、建设、改革中创造的革命文化和社会主义先进文化，植根于中国特色社会主义伟大实践。发展中国特色社会主义文化，就是以马克思主义为指导，坚守中华文化立场，立足当代中国现实，结合当今时代条件，发展面向现代化、面向世界、面向未来的，民族的科学的大众的社会主义文化，推动社会主义精神文明和物质文明协调发展。要坚持为人民服务、为社会主义服务，坚持百花齐放、百家争鸣，坚持创造性转化、创新性发展，不断铸就中华文化新辉煌。

为了阐明文化自信，党的十九大报告还把"意识形态工作领导权"单独拿出来，与"培育和践行社会主义核心价值观"相并列。报告指出，意识形态决定文化的前进方向和发展道路。必须推进马克思主义中国化时代化大众化，建设具有强大凝聚力和引领力的社会主义意识形态，使全体人民在理想信念、价值理念、道德观念上紧紧团结在一起。中国共产党把马克思主义写在自己的旗帜上，致力于为中华民族谋复兴。为中国人民谋幸福的庄严使命。使命型执政党不同于西方的政治党派，使命型执政党组建的人民政府更不同于奉行"自由市场"理念的任何政府。为此，执政党就需要加强理论武装，推动新时代中国特色社会主义思想深入人心。只有深化马克思主义理论研究和建设，加快构建中国特色哲学社会科学；只有坚持正确舆论导向，高度重视传播手段建设和创新，提高新闻舆论传播力、引导力、影响力、公信力，才能真正形成中国特色和风格的学术、思想以及话语权。与此同时，还应该加强互联网内容建设，建立网络综合治理体系，营造清朗的网络空间，注意区分政治原则问题、思想认识问题、学术观点问题，旗帜鲜明反对和抵制各种错误观点。

通过对两次党的全国代表大会报告的简要梳理和对比，我们看到意识形态工作的重要性。尤其是党的十九大报告清楚地指明"注意区分政治原则问题、思想认识问题、学术观点问题，旗帜鲜明反对和抵制各种错误观点"。这句话可以说是对文化工作者，尤其是高校思政课教师的明确要求。

二、思政课教师的基本担当

今天中国的高校绝大部分都设有马克思主义学院，而前身往往叫思政部（也可叫基础部或社科基础部）。无论是马克思主义学院还是思政部，思政工作、思政课教师都是围绕"思政"一词展开的。"思政部"的英文翻译是"Department of Ideology"， "思政"的英译则是"Ideological and Political"。反过来，我们发现"ideology"的汉语解释是"思想（体系），思想意识；意识形态；观念学"。那么到此我们就明白了，马克思主义学院或思政部，就是宣传意识形态工作的学院、部门。我们都知道一句名言：教师是人类灵魂的工程师。虽然这些年有人对这句名言进行了分析，因为别的职业也能塑造灵魂云云。但倘若真的聚焦这句话，而且把灵魂塑造与提升理解为思想意识层次或人生境界的提高，那么，毫无疑问，思政工作倒是最直接地在与灵魂打交道。西方哲学名著《理想国》为了讨论正义问题，就进入了人的灵魂及其结构，进而用城邦作为比拟，阐明灵魂之优美。所以思政课教师不可能回避意识形态问题，不可能不意识到意识形态工作主导权和领导权的意义。对此的整体感知与明觉，必然体现在自己的话语上，从而表现为话语自觉。

意识形态概念肇始于特拉西，对基于私有制的意识形态的揭露与批判大成于马克思与恩格斯，对意识形态领导权理论的阐发可归功于葛兰西。对于这一部分的学术史梳理已经取得大量丰硕的成果。因此，这部分的梳理工作在本书中不作为重点，只是给出一种通俗的介绍。本书的重点则聚焦高校思政课教师这部分，即如何内化意识形态主导权，并外化在教学行为，自觉于学术话语和教学用语上。

一提到思政课教师的意识形态领导权话语自觉，很多同人都会感到这是一项画蛇添足的工作。因为很多思政课教师认为自身的政治立场是非常坚定的，大部分教师都是中国共产党党员，甚至是老党员，对党的路线方针政策可以说颇为熟悉。但是，熟知不等于真知。主观上坚持马克思主义政治立场是一回事，在教学中科学而完整地领会意识形态主导权是另外一回事，至于如何用具有亲和力和针对性的话语加以表述则是更需要特别注意的工作。

高校思政课目前开设有思想道德修养与法律基础（"基础"课）、中国近现代史纲要（"纲要"课）、马克思主义基本原理概论（"原理"课）以及毛泽东思想与中国特色社会主义理论体系概论（"概论"课）四门，此外还有"形势与政策"课，而研究生与高职院校的思想政治理论课则各有增减。一般而言，思政课都面临着"到课率"与"抬头率"的压力。除了极个别的教师淡化意识形态领导权意识，应该说，绝大多数教师都知道自己的本职工作。但也不得不承认，距离思想性、理论性、亲和力、针对性的统一还有不少差距。反观这种差距，其中"说教味""政策腔"太浓则属于较为普遍的问题；与此相反的则陷入另一个极端，即过于讲究照顾学习者一方，注重和蔼可亲、"家常味"，追求"金句堆积"，大大消解了思想理论性。这两种倾向都需要规避，并在实际探索中予以廓清和纠正。

高校思想政治教育工作是意识形态工作的重要组成部分，是巩固马克思主义在高校意识形态领域指导地位、体现中国特色社会主义大学办学方向的重要阵地，是对大学生进行系统的马克思主义理论教育和社会主义核心价值观教育，帮助大学生树立正确的世界观、人生观和价值观的核心课程，关系到"为谁培养人""培养什么人"和"如何培养人"等一系列重大问题。话语是为思想所把握的客观实际的主观表达，事关宏旨，是理论自觉与实践自觉的直接体现。占有话语权不是简单地靠"说"，而是靠真正地解读中国实践、构建中国理论、吸收世界文明成果来实现的，并最终实现话语自觉。因此，本书最大的理论价值就是阐明这种内在逻辑。发挥我国哲学社会科学的作用，就必须要注意加强话语体系建设，实现话语自觉。因此在澄清理论与逻辑之后，就可以做到区分政治原则问题、思想认识问题、学术观点问题三者之间的关系，从而旗帜鲜明地反对和抵制各种错误观点，增强教育的实效性。

1801 年前后，法国哲学家托特西在其《意识形态原理》一书中首先提出了"意识形态"这个术语，并赋予"意识形态"两个意义，澄清错误与虚假的观念，以及建构正确的观念。马克思、恩格斯在《德意志意识形态》一书中，从唯物史观分析了"意识形态"形成的原因和特征，在他们看来，意识形态的真实根源是社会的经济生活。葛兰西的意识形态领导权理论关注点在于总结社会主义革命受挫原因，他发现教条主义式的生搬硬套，而没有从本国国情出发从而造成了失败。因此，文化、意识形态的斗争和政治斗争具有同等重要的地位。这对执政党地位的巩固是一个巨大启示。

20世纪90年代冷战格局的结束，历史终结论浮出水面。各种社会思潮风云际会，对马克思主义在我国意识形态领域的主导地位构成冲击。这也是理解、把握并坚持践行社会主义核心价值观必要性与重大意义的深刻背景。当然，本书不是单纯的意识形态及其领导权的概念梳理和历史呈现，而是在这种视域下探究我国高校思想政治教育工作的话语自觉。国内研究意识形态领导权的过程就是马克思主义理论中国化的过程。其中聚焦的问题是区分意识形态领导权，即在区分枪杆子与笔杆子、权力与权威、得天下与得民心等核心概念。在学术界，人们公认葛兰西与阿尔都塞是研究意识形态领导权的关键人物，把意识形态建设理解为基于对现实的反映打开人们的精神维度，因而是重塑人们的思考价值的重大时代课题。在马克思主义理论中国化的意义上，意识形态领导权则被把握为潜移默化、润物无声的影响力塑造和制度完善、民生改善。这样，问题域就切换成社会主义意识形态领导权研究了，同时焦点也指向了在高校思想政治教育工作中如何贯彻落实这一重大任务。面对新形势、新挑战，思政教育话语自觉凸显。使命担当与理论自觉使我们认识到，中国哲学社会科学界担负着理论创新的责任，必须致力于成为话语自觉的创造者与实践者，而不仅仅是外国理论的贩卖者或掮客。于是，马克思主义比马克思重要，而且马克思主义研究在当前最主要的工作不单单是在马恩著作里寻章摘句，而是存在于现实特别是中国的现实之中。在实施路径上，我们认为要培养和起用一大批中国特色社会主义理论的建构者、阐释者、形象转化者和传播者，特别是起用善于理论联系实际、善于讲中国故事进行推广的各类人才。同时，教学话语创新与自觉，必须处理好教师作为学习者和宣讲者的关系、教师话语和学生话语的关系，并在话语内容、话语方式、话语导向、话语资源四个方面进行探索。

从问题的提出和转换，到在中国当下语境的贯彻与落实，我们发现，学术界对于意识形态领导权的重大意义都给予了高度认同；但是就新形势下在高校思想政治工作中如何进行话语建设，已达到的话语自觉则论述不足，有待深化。另外，如果把这一问题看成宏观、中观和微观三个层面，那么，认清社会主义意识形态领导权是宏观的引领层面，把主流意识形态和高校思想政治教育工作相结合是中观的结合层面，思想政治教育工作中以话语创新、话语自觉的方式贯彻落实社会主义意识形态领导权是微观的实施层面。由此观之，学界对于宏观层面已经取得共识和丰厚的成果，但是中观结合层面和微观实施层面则还需要进一步探究。当然，中观和微观是相对而言的，它们的区别不是理论和非理论的区别，即中观与微观层面依然存在一系列重大理论问题需要分梳和澄清。

著名马克思主义研究学者俞吾金先生，在其《意识形态论》（修订版）第四章"马克思意识形态学说论析"的第四节"意识形态学说的

地位和作用"中说过这么一段话:"在我们看来,深入地、系统地开展
对意识形态问题的研究至少有以下四条途径:第一条途径是深入探讨意
识形态(包括各种具体的意识形式)的结构、功能、历史以及各种不
同的意识形态之间的关系。第二条途径是深入探讨意识形态和它的史前
内容(即原始文化)之间的关系,正如恩格斯强调的,宗教、哲学等
意识形式'都有一种被历史时期所发现和接受的史前内容'。第三条途
径是探讨意识形态在社会主义历史时期的地位和作用问题,尤其是它和
资产阶级权利的关系问题以及它的最终的消亡问题。第四条途径是探讨
意识形态和经济基础之间的中介环节问题,如社会心理、社会性格等。
所有这些研究途径都将大大地拓宽历史唯物主义理论的视野,丰富历史
唯物主义的内涵,从而继承并推进马克思和恩格斯已开创的伟大的理论
事业。"① 本书所要研究的就是"探讨意识形态在社会主义历史时期的
地位和作用问题",当然,在新的社会历史时期里,意识形态领导权问
题更加凸显。意识形态与意识形态领导权有何关系?意识形态领导权在
社会主义历史时期又有何特殊地位与作用?这种地位与作用在新时代的
今天又将如何体现与落实?大学思政课教师在体现、落实这种地位与作
用中又将扮演何种角色?

---

① 俞吾金:《意识形态论》,人民出版社 2009 年版,第 171 页。

三、话语建设与话语自觉的基本路径

我们将在辨章学术、考镜源流的基础上，结合中国实际，在新时代加强意识形态领导权语境下，完成中国高校思想政治教育工作话语建设与话语自觉意义与路径的探究。

第一，深刻阐述话语建设与话语自觉的意义。众所周知，我国是哲学社会科学大国，研究队伍、论文数量、政府投入等在世界上排名靠前，但目前在学术命题、学术思想、学术观点、学术标准、学术话语上的能力和水平同我国综合国力和国际地位仍不相称。关于意识形态领导权的重大意义学界已经达成统一，但这不等于已构建新时代的话语体系，也不等于实现了这种话语自觉。可以说进一步明确话语自觉是对意识形态领导权工作的落实和贯彻，但不通过话语自觉的过程和方式，意识形态领导权工作还只是空中楼阁。

第二，实现话语建设与话语自觉的路径。按照党中央的基本要求，首先，要按照立足中国、借鉴国外，挖掘历史、把握当代，关怀人类、面向未来的思路，着力构建中国特色哲学社会科学，在指导思想、学科体系、学术体系、话语体系等方面充分体现中国特色、中国风格、中国气派。其次，高校思想政治理论课教师要具备高超的话语转换能力和信息整合能力，要在意识形态话语向学术话语的转换上下功夫，在教材话语向教学话语的转换上下功夫，在理论话语向实践话语的转换上下功夫，在整合话语资源上下功夫。

在结构上，我们把社会主义意识形态领导权理解成宏观的引领层面，把主流意识形态和高校思想政治教育工作相结合看成中观的结合层面，把思想政治教育工作中以话语创新、话语自觉的方式贯彻落实社会主义意识形态领导权把握为微观的实施层面。这样，在内容上对于宏观层面是梳理和把握，重点则放在中观层面和微观层面，进言之，在明确了话语建设与话语自觉的意义与路径基础上，着重处理以下五个维度关系，它们互相联系并构成一项综合性的任务。

第一，阐明西方哲学与马克思主义哲学的关系。马克思和西方思想当然有天然的联系，但必须廓清把马克思主义哲学纯粹看成西方哲学的一个分支或流派的误读，否则会抹杀马克思"哲学革命"的深刻内涵，忽视马克思主义哲学的世界意义。从世界历史实际进程看，因为有了中国的革命、建设和改革，马克思主义哲学才有了不同于西方以往任何思想的特殊意义和价值。

第二，阐明马克思主义哲学与马克思主义理论中国化的关系。在马克思主义理论整体性视野下，区分源流，积极全面吸纳马克思主义的发展及其最新成果。过于从"正本清源"的角度强调马克思文本和语境的自在意义，恰恰是犯了历史主义真理观的错误。

第三，阐明思想政治教育和学术研究的关系。高校"思政人"一方面必须努力地阅读、理解并消化占有经典原著；另一方面，又必须自觉地在意识形态领导权工作视域下为研究得出合乎逻辑的结论。因此，必须区分政治原则问题、思想认识问题、学术观点问题，旗帜鲜明地反对和抵制各种错误观点。

第四，阐明四门主干思想政治理论课之间的话语转换和逻辑联系。思想政治教育主干课程互相区分，各有侧重，当然也是有机统一的。哲学（含政治哲学、伦理学）、政治学、法学、经济学、历史学彼此交织，既互相区别又互相联系，所以主流意识形态引领诸门社会学科，以意识形态领导权的视野加以检视与甄别就成为必然要求。这就要求高校以强化马克思主义学院建设和思想政治理论课程建设为载体，积极创新教育方法，及时更新教学内容，结合大学生思想、意志、兴趣、目的的实际。来自不同专业的教师可以构成教育的特色，但不可以专业之故偏离宏旨，需要自觉接受习近平新时代中国特色社会主义思想的统一话语引领。

第五，阐明文化自信与话语自觉的关系。话语自觉不仅是国家与执政党的重大任务，也是整合思政队伍的重要方式。

我国社会主义意识形态是文明论意义上的综合创新，它植根于中华文明的深厚土壤，体现了马克思主义的基本精神，并吸纳了人类文明的优秀成果。这一主流意识形态反映了最广大人民群众的利益、愿望和要求，解决了中国近代以来国家和民族面临的很多重大问题，代表了社会历史的前进方向，与各种社会思潮相比具有无可比拟的先进性。因此，通过上述的分析来深刻阐明这种理论与逻辑，并以话语体系构建、话语自觉的方式体现之，将是一项非常重要而有意义的工作。

为此，首先，本书从梳理关于社会主义意识形态领导权工作的重大意义入手，分析当前高校思想政治教育工作中存在的似是而非、机械刻板，甚至错误，并查明主要原因，将其归结到话语体系建设、话语能力提升和话语自觉的问题域。

其次，从党的十八大以来加强和提升思想政治教育的要求出发，着重考察西方哲学与马克思主义哲学的关系、马克思主义哲学与马克思主义理论中国化的关系、思想政治教育和学术研究的关系、四门主干思想政治理论课（"基础"课、"原理"课、"纲要"课与"概论"课）之间的话语转换和逻辑联系、文化自信与话语自觉的关系。结合当代高校思想政治教育工作中大学生自身实际，即他们受到各自的家庭文化，当然主要是互联网流行文化与各种社会思潮的影响，有些人的精神世界停留于"小时代"，成为时代新人的行动自觉不足。而要针对性改变这样的情况，就需要探究思想政治教育的具体方式与路径。

第二章

思政课中的意识形态理论

我们在导论部分已经粗略地提及意识形态这个概念。对于高校思政课教师而言，仅仅停留于这样的理解当然是不够的。就高校思政课程来说，一方面，教材全面贯彻了意识形态领导权的要旨；另一方面，也呈现一定的"分工"。对于意识形态概念以及资本主义社会意识形态的批判，主要集中在"原理"课，对于马克思主义中国化道路中的坚持意识形态工作领导权则体现在"基础"课、"纲要"课和"概论"课中。我们按照概念把握，对批判的认识和坚持意识形态工作领导权的次序分别加以论述。

一、意识形态的概念引入与认识

恩格斯曾经在《反杜林论》中指出，"我们党有个很大的优点，就是有一个新的科学的世界观作为理论的基础"[1]。这个"新的科学的世

---

[1] 《马克思恩格斯文集》第2卷，人民出版社2009年版，第599页。

界观"是什么呢？列宁在《怎么办？》中也一再强调，"只有以先进理论为指南的党，才能实现先进战士的作用"①。那么，如何理解这里的"先进理论"？对无产阶级政党来说是如此，对无产阶级政党所领导的社会主义事业来说也是如此。在社会主义国家，马克思主义是立党立国的根本指导思想，任何时候都必须坚持马克思主义在意识形态领域的指导地位不动摇，否则就会迷失方向。所以，新的科学的世界观或者说先进理论，就是社会主义的先进文化。社会主义国家必须大力发展以马克思主义为指导的社会主义先进文化，满足人民群众日益增长的精神文化需求，实现对社会风尚和精神面貌的正确引领。2014 年 10 月 15 日，习近平总书记在文艺工作座谈会上强调，"没有中华文化繁荣兴盛，就没有中华民族伟大复兴。一个民族的复兴需要强大的物质力量，也需要强大的精神力量。没有先进文化的积极引领，没有人民精神世界的极大丰富，没有民族精神力量的不断增强，一个国家、一个民族不可能屹立于世界民族之林"②。社会主义先进文化是社会主义国家凝聚和激励人民的重要力量，是社会主义国家综合国力的重要标志。

2018 年 5 月 4 日，习近平总书记在纪念马克思诞辰 200 周年大会的讲话中指出："历史和人民选择马克思主义是完全正确的，中国共产党把马克思主义写在自己的旗帜上是完全正确的，坚持马克思主义基本原理同中国具体实际相结合、不断推进马克思主义中国化时代化是完全正确的！""学习马克思，就要学习和实践马克思主义关于文化建设的思

---

① 《列宁全集》第 6 卷，人民出版社 1986 年版，第 163 页。

② 习近平：《在文艺工作座谈会上的讲话》，新华网，http：//www.xinhuanet.com/politics/2015-10/14/c_ 1116825558. htm。

想。马克思认为，在不同的经济和社会环境中，人们生产不同的思想和文化，思想文化建设虽然决定于经济基础，但又对经济基础发生反作用。先进的思想文化一旦被群众掌握，就会转化为强大的物质力量；反之，落后的、错误的观念如果不破除，就会成为社会发展进步的桎梏。理论自觉、文化自信，是一个民族进步的力量；价值先进、思想解放，是一个社会活力的来源。国家之魂，文以化之，文以铸之。我们要立足中国，面向现代化、面向世界、面向未来，巩固马克思主义在意识形态领域的指导地位，发展社会主义先进文化，加强社会主义精神文明建设，把社会主义核心价值观融入社会发展各方面，推动中华优秀传统文化创造性转化、创新性发展，不断提高人民思想觉悟、道德水平、文明素养，不断铸就中华文化新辉煌。"①

马克思、恩格斯以及马克思主义经典作家都对意识形态问题给予高度重视。一方面对资产阶级的意识形态给予充分揭露，另一方面把社会主义意识形态工作之重要性提高到生死存亡的高度。马克思去世后的第十年，也就是 1893 年 7 月 14 日，恩格斯致信梅林，说道："意识形态是由所谓的思想家通过意识、但是以虚假的意识完成的过程。推动他行动的真正动力始终是他所不知道的，否则这就不是意识形态的过程了。因此，他想象出虚假的或表面的动力。因为这是思维过程，所以它的内容和形式都是他从纯粹的思维中——不是从他自己的思维中，就是从他的先辈的思维中得出的。他和纯粹的思维材料打交道，他直率地认为这种材料是由思维产生的，而不去研究任何其他的、比较疏远的、不从属

---

① 习近平：《习近平在纪念马克思诞辰 200 周年大会上的讲话》，人民网，http：//cpc. people. com. cn/n1/2018/0505/c64094-29966415. htm。

于思维的根源。而且这在他看来是不言而喻的，因为在他看来，任何人的行动既然都是通过思维进行的，最终似乎都是以思维为基础的了。"①这段话非常著名。对此稍作分析我们就会看到这样两点值得注意。首先，意识形态是人为的构建，即它是被有意识地完成的。意识形态不等于错觉，更不是人类不可避免的误差。比如只要去观察装有清水的器皿中插入的筷子，都会发现筷子是折弯的。这就是错觉，自古以来人人如此，不可避免。面对一幅鸭兔图，有人选择鸭子，有人选择兔子，这乃是心理选择的结果。其次，这个意识是一种虚假的意识。虽然意识是对存在的反映，但不是所有的意识都是对存在的客观正确的反映，有的反映是歪曲的反映。很明显，如果从思维到思维的唯心主义兜圈子，不从存在与思维的关系出发，就只能是在黑暗中摸索。所以，这里的"虚假"是指意识形态的内容在科学性上虚假，不是说所谓的思想家们是"虚心假意"；反过来说，他们倒是在真实地劳作哩。

我们暂时先不讨论这段话中的"虚假的或表面的动力"，单单是留心大意即可知道，非公有制为基础的社会中"所谓的思想家"有意识地在解释世界，理解他们所身处的时代和社会，但由于他们没有从实践的角度来分析和考察，其结果只是从一种思维到另一种思维，从一种迷雾过渡到另一种迷雾。简而言之，意识形态一词，在这里几乎与"有意识但虚假"的限定词紧密联系在一起了，以至于被人们误解误传为：只要意识形态就是虚假，而且是思想家有意识炮制的一种虚假之物。正如我们分析的，这种印象本身就是误读误解。

简单地说，私有制社会里，存在意识形态；公有制社会里，同样存

---

① 《马克思恩格斯全集》第 39 卷，人民出版社 1974 年版，第 94~95 页。

在意识形态。所以，这个概念本身谈不上是"贬义词"，不能因为马克思、恩格斯对私有制社会尤其是资本主义社会条件下的意识形态（观念的上层建筑）给予深刻的批判，就想当然地认为意识形态本身"是个坏东西"。就高校思政课教材而言，比较集中涉及意识形态及其批判的是"原理"课。下面我们就"原理"课中与意识形态相关内容与表述进行整理与概述。

二、现实的从事活动的人与历史观

首先是在"原理"课导论部分直接就把"关于资本主义政治制度和意识形态本质的观点"界定为马克思主义的基本观点，当然马克思主义的十五个基本观点绝非只在"关于资本主义政治制度本质的观点"上涉及了意识形态。因为，很显然，"关于社会存在决定社会意识的观点""关于社会主义革命和无产阶级专政的观点""关于无产阶级政党建设的观点""关于社会主义社会本质特征和建设规律的观点"，都天然地包含意识形态的内容。实际上，提到"关于社会存在决定社会意识的观点"，我们立即就会想到 1844—1845 年马克思、恩格斯在布鲁塞尔合著的《德意志意识形态》一书，历史唯物主义从此诞生了，也构成人类历史观上的伟大变革。所以，我们应该从社会历史观起步，探究马克思主义的意识形态及其批判的思想。

要想回答"有意却虚假的"意识形态究竟是如何产生的，就需要大致了解一下意识及其过程。任何一种思想观念，也就是说意识，其最初都是直接地与人们的物质活动、交往活动，解决现实问题及其在活动中的语言运用交织在一起的。人们的物质性活动产生想象和思维，而不是相反。具体到一个民族的历史中，其政治法律、伦理道德、哲学宗教也无不是产物，即被决定的。观念与思想总是人们自己创造出来的。不过这个创造者并不是历史上的具体人物（伟人或帝王将相），而是"现实的、从事活动的人们"，他们受自己的生产力以及与之相适应的交往的一定发展所制约。"现实的、从事活动的人们"究竟是谁？或者说历史成果或遗产与现实的人们是什么关系？毫无疑问，主体是人，人们。但不是逻各斯中心主义概念体系下的人，而是"现实的、从事活动的人们"。逻各斯中心主义形而上学意义上的人，是被规定为"会说话的动物""会制造工具的动物""两足、直立行走、体无毛的动物"，总之是"属加种差"思维得出的存在。这种存在状态的"人"从来都在被研究、被关注，他有知情意的灵魂结构，甚至他就是"我思"（cogito）。但是这种意义的人，似乎是任何人，又似乎任何人都不是。问题出在哪里呢？

我们可以通过一个生活的例子来加以说明——实际上在今天这样的例子绝不是个案，可以说是相当普遍的。一名成绩优良的学生，在家中父母基本不要求他参与其他家务，只是勉励他认真读书。高考之后，兴许他的成绩非常理想，但是接下来的一个环节却令他倍感困惑，那就是如何填报志愿，怎么选择高校和专业，到哪里读书。显然，通过网络他可以搜到任何一所高校的简介，还可以查找任何关于某专业的解释。尽管如此，他依然感到不安。因为过去的读书都是知性地领会这个世界，也包括知性地领会他的周围世界。他实际上并没有带着决心去切入，他的全部生活原来是漂浮着的，因而他本人就是作为漂浮物而存在的。虽然从早到晚他都忙于功课，但他向来就不是"现实的、从事活动的人"，他属于一个特殊群体，他做的一切都是被要求着去完成的。填志愿之前，他的全部活动，都不属于真切地打开他的全部自由。他面对那本《高考志愿填报指南》之际，才猛然领会到命运的来临。虽然还是处在"一家人"的生活状况里，但掠过心头的是一种独自面对之预判。从中他会有一堆堆、一串串的疑问，但又不知道问谁——实际上没有人可以问，因为那些都是早已该自问的问题。当然，这是生活实际中的情况和例子，我们只是用它作为一个引导性的线索，借此来体会马克思、恩格斯的"现实的、从事活动的人们"这一表述真正所指。其实，它就是指具有历史生存感的人，这种人铭记着他的过去，朝向未来，担负着使命永远在筹划与决断，并自愿去承担自己的命运。虽然如此，他们却也不是真正的自由者，但无疑又时刻在领会着世界历史和人的自由。他自由的现实有限性，和他实践的无限性是交织的。所以，他的一切领会总会与他的现实生活过程是一回事，然而现实生活中的先天综合结构却是本源。这里所说的"先天综合结构"，是我姑且借用康德的一个术语。其实际所指，就是人类的物质资料生活方式，即"经济的必然性"。"意识在任何时候都只能是被意识到了的存在，而人们的存在就是他们的现实生活过程。如果在全部意识形态中，人们和他们的关系就像在照相机中一样是倒立成像的，那么这种现象也是从人们生活的历史过程中产生的，正如物体在视网膜上的倒影是直接从人们生活的生理过程中产生的一样。"① 可见，"有意却虚假的"意识形态是有深刻历史根源的。马克思主义关于意识形态的学说，就是旨在揭穿这个迷雾：有意为之之事，但在结果上却又是虚假的；而且这个虚假之物（即意识

---

① 《马克思恩格斯选集》第 1 卷，人民出版社 1995 年版，第 72 页。

形态）还有着深刻的认识根源与历史根源。自由就是认识必然。透彻地分析这个必然，也是廓清迷雾、透见真理的必要环节。资本主义社会下的工人阶级一旦掌握了马克思主义的科学真理，就能摆脱掉一切错误的意识形态，并且可以将一项解放事业把握为科学。这一项工作的核心任务乃是阐明一种历史观，即呈现出人类历史发展的规律。

历史观是人对迄今为止的历史及其发展规律的一般看法，甚至可以说它就是"天道"。历史观和历史这两个概念，从外在的方面说前者多一个"观"字，可是更显著的区别在于历史观更加关注对已发生历史的解释及其未来发展趋势，以及人在这样的进程中实际扮演的和应该扮演的角色。因此，思考历史观就是思考人道与天道的关系。就我们所知而言，存在形形色色、各式各样的历史观。从样式上说，有进步论、退步论和循环论。进步论就是说，历史发展是经历从低级到高级、从野蛮蒙昧到文明的进程。比如孔德就认为人类历史经历了从迷信到科学的过程。通常地，从近代科学以来，进步主义是最为流行的历史观。反之是退步论，认为今不如昔，比如中国古代认为最好的时代是尧舜禹三代，然后是周公时代，因此孔子才感喟他所身处的春秋时代属于"礼崩乐坏"。至于孔子"笔削《春秋》"，寓世界史于鲁史则又近于"三世"循环论。最为典型的循环论可以在"分久必合，合久必分"这样的表达中找到。在印度宗教思想中，宇宙总是处在"成住坏空"变动不居之中。总的来看，人类自身的活动总是以某种天道领会为前提，参天地之化育，在社会历史进程体现天意。中国的历史观以"五四"为界，分为前后两个部分。"五四"的口号之一是"打倒孔家店"，高扬"德先生""赛先生"，在本质上还是一种历史观的觉醒和翻转。这表现为从"臣民"到"庶民""新民",最后发展成人民群众的观点。由此观之,天道之变完全可以说是三千年未有之大变局。

自从苏格拉底把哲学带到城邦之后,建构城邦正义,培养公民德性成为关注点。历史向何处去并没有得到任何哪怕是朴素的领会。倒是希腊化时代,退守内心的情绪构成新柏拉图主义、伊壁鸠鲁主义和怀疑论的交集与共识,这一方面有利于人们在内心中思考天命究竟为何物,一方面也为即将到来的"拯救"开辟了道路。

无论天道之"道"是一般性的非道德主义的原则(无目的性)还是具有道德内涵(合目的性),在马克思主义诞生之前,关于历史发展的本质、动力,以及人类活动与历史发展关系,都没有得到科学的揭示。那么马克思主义的历史观究竟有何特别之处呢?

马克思在《〈政治经济学批判〉序言》(1859 年发表)中明确指出:"人们在自己生活的社会生产中发生一定的、必然的、不以他们的意志为转移的关系,即同他们的物质生产力的一定发展阶段相适合的生产关系。这些生产关系的总和构成社会的经济结构,即有法律的和政治的上层建筑竖立其上并有一定的社会意识形式与之相适应的现实基础。物质生活的生产方式制约着整个社会生活、政治生活和精神生活的过程。不是人们的意识决定人们的存在,相反,是人们的社会存在决定人们的意识。"[1]

正确理解这一段话,是构成理解马克思关于社会存在决定社会意识观念的关键。我们说人们对社会的意识,对历史发展的观察,如果要到达科学而合乎逻辑的高度,就不能单从个体的经验和体会出发。马克思

---

[1] 《马克思恩格斯文集》第 2 卷,人民出版社 2009 年版,第 591~592 页。

发现"物质生活的生产方式"（社会经济结构）制约着整个社会。马克思没有另外指定一个存在来理解历史进程，也没有陷入一种肤浅的循环。所谓另外指定一个存在，就是说诉诸超验超越的存在，如神意恩典或某种微茫难求的"道"。所谓一种肤浅的循环是指，虽然一方面可以看到物质生活的生产方式制约着整个社会，但同时又认为物质生活的生产方式是人主观活动的产物。于是，道德主义或内心问题就成了认识历史的要素了。比如，我们时常听到一种说法：人人都道德高尚了，社会就好了。这种说法问题在于简单化。人与人的互相作用往往并不都是直接的，而是通过各种制度的中介，所以不能在主观上采用一个社群或村落作为样本类比式地思考人类社会的整体结构与运行。

在我们看来，马克思的视角具有这样几点值得注意。第一，这是非人类学的视角。没有从作为特殊种族的人类特点出发，步步推演，来把握社会及其运动规律。第二，这是非形而上学的视角。近代笛卡尔以来的主体形而上学直接导致了割裂，即我思和广延的二元对立，知性思维的主客体二分根本无法科学地认识世界，以至于世界都成了"我的表象"。第三，"我"与历史的关系，在马克思这里，截断众流地成为"生存着的个体"或"行动着的人"与现存世界的关系，生存境域特征非常明显，由此人的对象化（gegenständliche）活动构成全部的人类活动历史的思想呼之欲出。

马克思还看到，社会的物质生产力发展到一定阶段，便同它们一直在其中运动的现存生产关系或财产关系（这只是生产关系的法律用语）发生矛盾。于是这些关系便由生产力的发展形式变成生产力的桎梏和束缚。那时社会革命的时代就到了。因此随着经济基础的变更，全部庞大的上层建筑也或慢或快地发生变革。这就是我们常说的生产力与生产关系的矛盾运动，它揭示了历史前进的动因和方式。从西方哲学的视角说，生产关系是物质生产力的"外观"（eidos）。物质性生产的一步步实现（wirklichkeit）自身构成社会变革的"隐德莱希"（entelecheia）。我们不妨参考一下胡塞尔和海德格尔的高足洛维特的一个观点，他认为，理性与现实的统一，以及作为本质（essentia）与实存（existentia）之统一的现实，同样是马克思的原则；在这个意义上可以说，马克思重新恢复了黑格尔的客观精神学说（按：共产主义的必然实现）。"他之所以针对费尔巴哈捍卫黑格尔，乃是因为黑格尔理解普遍者的决定性意义，而他之所以攻击黑格尔，乃是因为黑格尔在哲学上把历史的普遍关系神秘化了。"① 这个说法的可取之处在于：它指出了马克思批判地消除了那包含在黑格尔"现实"概念中的神秘的普遍者，但那已被消除了神秘性的历史的普遍关系，却重新构成历史唯物主义所理解的现实。

当然马克思也不认为社会变革会轻而易举地发生，所以才在随后补充了著名的两个"决不会"论断。即无论哪一个社会形态，在它们所能容纳的全部生产力发挥出来以前，是决不会灭亡的；而新的更高的生产关系，在它存在的物质条件在旧社会的胞胎里成熟以前，是决不会出现的。所以人类始终只提出自己能够解决的任务，因为只要仔细考察就可以发现，任务本身只有在解决它的物质条件已经存在的时候或者至少是在形成过程中才会产生。这一点有利于我们正确而具体地分析与认识当代中国与当代资本主义世界的众多实际情况。

---

① 卡尔·洛维特：《从黑格尔到尼采》，李秋零译，生活·读书·新知三联书店 2006 年版，第 127 页。

三、社会物质生活过程与意识形态

社会生活有其器物层面、制度层面，也有其精神层面。它们构成反映与被反映关系。社会意识是精神层面中居于较高地位的形式，是自觉的、系统的、定型的，包括政治法律思想、道德、艺术、宗教、哲学、科学等方面，以理性认识为主。在社会意识形式中，又存在意识形态和非意识形态之分，其中意识形态是指反映社会的经济关系、阶级关系的社会意识，主要包括政治法律思想、道德、艺术、宗教、哲学等。哪些构成非意识形态呢？比如，纯粹的自然科学、逻辑学以及语言学等自然科学。政治法律思想，顾名思义包括政治思想和法律思想。政治思想是人们关于政治的关系、制度和设施的观点、理论的总和，法律思想是人们关于法律的关系、制度和设施的观点、理论的总和。政治法律思想是随着阶级和国家的出现而产生的，是最直接、最集中地反映经济基础的意识形态，在意识形态中居于核心地位，起主导作用。这是我们理解马克思主义关于意识形态诸规定性的基本内容。我们还可以更加简明地说，不同的经济关系、阶级关系就有着不同的意识形态，而政治法律思想则直接反映意识形态的立场。

自然科学和语言学、形式逻辑等一部分社会科学不具有社会经济形态和政治制度的性质，不反映特定社会集团的利益和要求，不服务于特定经济政治制度和特定阶级，因而属于非意识形态。因为自然科学和语言学、形式逻辑具有人类一般性与工具性。对于这一部分，各个社会形态之间应当尽可能地互相了解、学习、借鉴掌握。

社会存在和社会意识是辩证统一的。社会存在决定社会意识，社会意识是社会存在的反映，并反作用于社会存在。如何理解社会存在的决定性地位呢？社会存在是社会意识内容的客观来源，社会意识是社会物质生活过程及其条件的主观反映。20世纪的现象学家胡塞尔也说过，意识必然是对对象的意识。其实这一点，马克思、恩格斯在《德意志意识形态》中是有直接论述的。"思想、观念、意识的生产最初是直接与人们的物质活动，与人们的物质交往，与现实生活的语言交织在一起的。人们的想象、思维、精神交往在这里还是人们物质行动的直接产物。表现在某一民族的政治、法律、道德、宗教、形而上学等的语言中的精神生产也是这样。人们是自己的观念、思想等的生产者，但这里所说的人们是现实的、从事活动的人们，他们受自己的生产力和与之相适应的交往的一定发展——直到交往的最遥远的形态——所制约。"① 对此，我们该如何理解？

社会物质生活过程及其条件是无限多样和丰富的，它与意识的关系构成了源与流的关系。也就是说，一切社会意识都是关于社会存在的意识，而不是别的。当然，这里说的社会意识是在实践基础上才能产生的。这里的实践概念按理来说是需要认真解说一番的，这个工作将在后面的章节中呈现。目前我们需要明白的是，实践是无条件地指向人的本质的活动，旨在让人发挥并展开他的全部自由。在此意义上，我们才能最正确地领会马克思的那句名言——人的本质不是单个人所拥有的抽象物，在其现实性上，它是一切社会关系的总和。对于任何一个既定的个体，摆在他面前的都是一个"庞然大物"，他的本质就此而言是被决定

---

① 《马克思恩格斯文集》第1卷，人民出版社2009年版，第524页。

的，而不是从他任何"既有财富"中找寻，比如良知，或善性、恶性等。存在主义主张存在先于本质，在这个层面上说是切中要害的。而本质的获得，即占有自己的本质过程乃是实践活动。打开世界就是打开自我，这是一种双向的领会与揭示活动。因此，未曾打开世界之前，任何先行地铆住自己的"本有"乃是一种虚妄。在资本主义产生条件下，工人的活动被组建到社会化大生产运动中，其全部的活动都不是真正意义上的实践。那么，何谓这个"庞然大物"？简单说就是社会物质生活过程及其条件。马克思从中发现了社会存在决定着社会意识这一结构性建制。

历史观直接决定了人生观，历史维度也决定了人可能发展的方向。一般地，我们把这个思想把握为人的历史局限性。马克思说，个人怎样表现自己的生活，他们自己也就是怎样。因此，他们是怎样的，这同他们的生产是一致的，又和他们怎样生产一致。因而个人是什么样的，这取决于他进行生产的物质条件。如此说来，这岂不是一幅"决定论"的令人哀伤的画面吗？个体与他面临的"庞然大物"，确实不是一个量级的。在物质生产及其再生产的方式、社会经济及其运行结构面前，个体显得无比单薄，似乎只能就范。虽然"个人怎样表现自己的生活，他们自己也就是怎样"，但是，个人究竟又能怎样表现自己的生活呢？这简直就是悟空与如来手掌之间的关系了。社会意识产生的基础是人类的社会实践，实践的能动性决定了社会意识反映社会存在的能动性。所以，社会意识根源于社会存在，是对以实践为基础的不断变化发展的现实世界的反映。可见，社会存在不单单是人通过活动可以拆除的"外部框架"。它是源泉，是出发点，也是归宿。

著名的观念论哲学家黑格尔有句名言，哲学家把握那思想中的世界。对此，马克思、恩格斯说："从这时候起（按：脑力劳动和体力劳动的分工之后，思想家开始显现），意识才能摆脱世界而去构造'纯粹的'理论、神学、哲学、道德等。""而发展着自己的物质生产和物质交往的人们，在改变自己的这个现实的同时也改变着自己的思维和思维的产物。不是意识决定生活，而是生活决定意识。"马克思对古往今来的一切哲学思想最为深刻的批评之一就是站在更为深刻更加本源的视野上，澄清前提，划清概念。源流本末关系由此得到了哥白尼式的革新。于是，社会意识的流变根源也得以澄清。随着社会存在的发展，社会意识也相应地或早或迟地发生变化和发展。社会意识是具体的、历史的。每一个时代的社会意识都有其独特的内容和特点，具有不断进步的历史趋势，但不管怎样变化、发展，其根源总是深深地埋藏于经济的事实之中。例如，在原始社会，人们只有朴素的族群公有观念，不知"私有"为何物。随着以生产资料私有制为基础的生产方式的出现和原始社会的瓦解，私有观念以及与此相联系的思想意识相应产生。可见，那种认为人从来就有"自私意识"的观点是没有根据的。

为了深化对这一思想的认识，我们不妨用首次出版于1976年的英国演化理论学者理查德·道金斯创作的《自私的基因》加以说明。

作者在《自私的基因》中提出：人们生来是自私的，如利他和利己行为的概念、遗传学上的自私的定义、亲族学说（包括亲子关系和群居昆虫的进化）、性比率学说、相互利他主义、欺骗行为和性差别的自然选择等。同时，道金斯以生物学研究上的进展及自己的理解为基础，将生物进化的单元或层次确定于基因，并通过对伦理学语言的运用，说明基因的基本特性就是"自私"。道金斯认为，基因为达到生存目的会不择手段。比如，动物照料它的后代，从生物个体的角度来看，这也许是一种利他行为。但正是因为基因控制着这种行为，它才能通过动物照料后代的这种利他行为完成自身的复制，从而使其自身得以生存。动物的生命历程就是基因的表达和展开。显然，所有在生物个体角度看来明显是利他行为的例子，均是基因自私的结果。换言之，那只是手段和目的采用不同视角观察的结果。基因唯一感兴趣的就是不断重复地复制自身，以便在进化过程中争取最大限度地生存和扩张。由于基因掌握着生物的"遗传密码"，所以一切生命的繁殖演化和进化的关键最终都归结于基因的"自私"。

抛开唯物史观上的意识与存在视域，单纯从道金斯所阐述的角度出发，我们应该承认他敏锐的观察、精深的分析、合乎逻辑的推演。但是问题在于，首先，人的社会属性与自然属性的关系。究竟是自然属性决定着人还是社会属性决定着人？其次，"是"与"应当"的关系，即便通过观察、分析与研究得出生物基因之"所是"，也不等于阐明了人的"应当"。当然，这样的研究对于我们认识人自身的自然层面，以及如何教化并克服那些不利于社会性的方面提供了参考。实际上霍布斯的思想，包括一定层面上的休谟思想，都从所谓的"人性论"出发——纵然如此，他们也是着眼构建现代社会的正义生活。

马克思主义认为，社会存在决定社会意识，社会意识以理论、观念、心理等形式反映社会存在。这是社会意识对社会存在的依赖性。但社会意识并非消极被动地受制于社会存在，它既依赖于社会存在，又有其相对独立性。社会意识的相对独立性是指，社会意识在从根本上受到社会存在决定的同时，还具有自己特有的发展形式和规律。主要表现在：一是社会意识与社会存在发展的不完全同步性和不平衡性。进步的社会意识可以在一定程度上预见、推断未来，指导人们的实践活动；落后于社会存在的社会意识则阻碍社会的发展。我们可以通过价格与价值规律的例子来理解这种相对独立性。另外，历史上也有这样的情况：社会经济发展水平较高的国家或地区，其社会意识的发展水平未必都是最高的；某些经济水平相对落后的国家或地区，其社会意识的某些方面却可以领先于经济发达的国家或地区。这就是说"决定—反映"的互相关系在历史中存在着一定的张力。由此可以解释为何在经济落后的俄国会爆发社会主义革命，而相对发达的资本主义国家则没有发生。"决定—反映"的互相关系实际上乃是一种大尺度的历史视野，而不是较短时间内必然要表现出来的一致性。

二是社会意识内部各种形式之间的相互影响及各自具有的历史继承性。社会生活的内在联系及其统一性，决定了社会意识诸形式之间也必然是相互影响、相互作用的。同时，社会意识诸形式均有自成系统、前后相继的历史链条，因而具有历史继承性，有其发展的特殊规律。这一点依然是在解释社会意识与社会存在发展的不完全同步性和不平衡性，所依据的理由是生活的联系性，以及意识形式内部的联系性。进行思想的人总是生活在共同体之内，无论这个共同体叫家庭、村落、城市还是更大的民族或国家。文化、习俗、教育等代际传承构成世代相继的脉络，那么，社会存在的决定意义在这样的意识连续性之背景下必然有所钝化，而不会总是立竿见影地发挥着作用。

三是社会意识对社会存在能动的反作用。这是社会意识相对独立性的突出表现。任何社会意识都不会凭空出现，只能是适应一定社会物质生活发展的要求而产生的，因而它必然具有满足这些需求的功能和价值，在一定条件下会转化为物质力量并作用于社会存在，影响历史的发展。先进的社会意识反映了社会发展的趋势和要求，对社会发展起着积极的促进作用；落后的社会意识不符合社会发展的趋势和要求，对社会发展起着消极的阻碍作用。我们之所以在"在一定条件下会转化为物质力量"，旨在提醒意识形态工作的意义，并表明意识形态工作是通过何种机制发挥作用的，也即它的基本原理。高校思政课教师通过意识形态工作，就是与历史同向同行，是中华民族伟大复兴的必然要求。

社会意识的能动作用是通过指导人们的实践活动实现的。思想本身并不能实现，要实现思想就要付诸实践，而社会实践的主体是人民群众。因此，一种社会意识发挥作用的程度及范围大小、时间长短同它实际掌握群众的深度和广度密切联系在一起。社会意识的依赖性与能动性是辩证统一的、共属一体的。只看到社会存在对社会意识的决定作用，社会意识对社会存在依赖性的一面，是不全面的。同样，过于夸大社会意识的能动性，忘记其对于社会存在的依赖性、从属性，也是片面的。

四、社会存在与社会意识的基本问题

社会存在与社会意识这种辩证关系构成科学的革命的唯物史观的精髓，破解了困扰人类数千年的迷雾，也为个体真正地认识世界并认识自身提供了正确的方向。有哲学基础的人都知道，哲学最初在西方叫爱智慧，同时在古希腊的德尔菲神庙上镌刻着"认识你自己"的古训铭文。然则，何谓认识自己呢？我是谁？可以说带着这个问题西方哲学走完了两千多年的心路历程。哲学家们殚精竭虑，提供了各色各样的哲学概念，构造了五花八门的哲学体系。有诉诸人的灵魂结构的，所谓知情意三重结构，并由此探寻正义的城邦与优美的灵魂；也有诉诸人的内在自然的，所谓坚毅的心灵，抽身社会与政治生活，退守心灵家园而沉思。有人诉诸经验，有人诉诸先验与先天原理或法则，有人诉诸各种理性建构。总之，他们的哲学活动都可以在一定程度上看成是对那句古训铭文的诠释。笛卡尔的一句"Cogito，ego sum"（"我思故我在"）横空出世，主体性哲学从此耀世登场，理性主义高歌猛进。没错，一切都要在理性的法庭上通过论证而获得自身的合法性。宗教权威因此也受到了极大的挑战。似乎"我思"才是理解"认识你自己"的最佳路径。启蒙时代，先验自我，自我设定非我，精神辩证运动等几乎构成今天哲学学习者必须面对的最为丰厚的哲学遗产——德国古典哲学。

没错，马克思早年也是一位"青年黑格尔派"。不管怎样，我们不能忘记的是马克思在《关于费尔巴哈的提纲》第一条所言："从前的一切唯物主义包括费尔巴哈的唯物主义的主要缺点是：对事物、现实、感性，只是从客体的或者直观的形式去理解，而不是把它们当作感性的人的活动，当作实践去理解，不是从主体方面去理解。因此，结果竟是这样，和唯物主义相反，能动的方面却被唯心主义抽象地发展了，当然，唯心主义是不知道现实的、感性的活动本身的。费尔巴哈想要研究跟思想客体确实不同的感性客体，但是它没有把人的活动本身理解为对象性的［gegenstāndliche］活动。"① 由此观之，马克思的唯物史观的确构成了一场哲学革命。人的劳动实践开启了人与世界的种种关联，这种适时

---

① 《马克思恩格斯文集》第 1 卷，人民出版社 2009 年版，第 499 页。

的躬身入局，同时也令个体领会到摆在他面前的并不是有待于他去纵横驰骋的战场，更没有沿途的鲜花和掌声。几乎是相反地，他能够领会到的是他早已处在一种结构之中。这种"身处感"，无论用西方哲学的"被抛"还是"在—世—之在"，抑或是向死而生地对未来可能性加以筹划都是无关紧要的，特别要紧的反倒是他必须承认这个基本事实并迎难而上。超越主观同时也超越客观的社会存在，与自身构成一种无可逃离的"纠缠"。之所以说超越主观，就是说带有决定性意义的物质资料生产与经济结构并不是单个人的"有意为之"，而是一种相互作用的结果，或者说产物，即生产力水平所决定的生产关系之总和，它表现为经济基础并总是附带着与这个关系相适应的上层建筑。之所以说超越客观，乃是因为上述的那种结构毕竟也还是人实现的，总带着人的理想维度，以及理想在历史中的种种效果。由此，社会存在和社会意识辩证关系原理对于树立科学历史观和指导文化建设具有重要意义。

社会存在和社会意识辩证关系的原理对于我们正确认识社会历史、树立科学的历史观具有重要的意义。主张社会存在决定社会意识，还是社会意识决定社会存在，是唯物主义历史观与唯心主义历史观的根本分歧。唯物史观认为，社会存在决定社会意识，社会意识能动地反作用于社会存在，从而在人类思想史上第一次正确解决了社会历史观的基本问题，是社会历史观上的革命性变革。"人们的意识取决于人们的存在而不是相反，这个原理看来很简单，但是仔细考察一下也会立即发现，这个原理的最初结论就给一切唯心主义，甚至给最隐蔽的唯心主义当头一棒。关于一切历史的东西的全部传统的和习惯的观点都被这个原理否定了。"① 唯物史观对历史观基本问题的科学回答，宣告了唯心史观的彻底破产。依据这一原理，马克思主义从社会生活的各种领域中划分出经济领域，从一切社会关系中划分出生产关系，并把它当作决定其余一切关系的基本的、原始的关系，进而将一切社会关系归结于生产关系，将生产关系归结于生产力发展的高度，从而将社会形态的发展看作自然历史过程，破天荒地破解了"历史之谜"，揭示了人类社会发展的规律。把握这两个"划分"（经济领域与生产关系的主导性决定性地位）、两个"归结"（一切社会关系→生产关系→生产力发展的高度）的思想，对于认识社会历史具有重要意义。

这里首先要回答一个问题：两个"划分"与两个"归结"是不是一种还原论？还原论或还原主义（Reductionism，又译作化约论）是一种哲学思想，认为复杂的系统、事物、现象可以将其化解为各部分之组合来加以理解和描述。还原论的思想可追溯久远，但"还原论"这一概念却来自 1951 年美国逻辑哲学家蒯因的《经验论的两个教条》一文。此后，还原论这一概念的内涵与外延都得到扩张。最新的《大不列颠百科全书》把还原论定义为：在哲学上，还原论是一种观念，它认为某一给定实体是由更为简单或更为基础的实体所构成的集合或组合；或认为这些实体的表述可依据更为基础的实体的表述来定义。还原论方法是经典科学方法的内核，将高层的、复杂的对象分解为较低层的、简单的对象来处理；世界的本质在于简单性。由是观之，马克思的历史观并不是什么还原论，即便他找到了人类社会历史生活的"阿基米德之点"。另外，我们还要知道，还原论是一种方法，本身并不存在

---

① 《马克思恩格斯文集》第 2 卷，人民出版社 2009 年版，第 598 页。

多少先天缺陷，也就是说存在着好的还原论和坏的还原论之分别。思想总需要开端。从几个不可还原的原点出发，或者从某几个原初的元素、基点出发，思考问题，建构理论，完全可以产生很好的启发性、揭示意义。

恩格斯的《在马克思墓前的讲话》中有这样一段话："正像达尔文发现有机界的发展规律一样，马克思发现了人类历史的发展规律，即历来为繁芜丛杂的意识形态所掩盖着的一个简单事实：人们首先必须吃、喝、住、穿，然后才能从事政治、科学、艺术、宗教等；所以，直接的物质的生活资料的生产，从而一个民族或一个时代的一定的经济发展阶段，便构成基础，人们的国家设施、法的观点、艺术以至宗教观念，就是从这个基础上发展起来的，因而，也必须由这个基础来解释，而不是像过去那样做得相反"[1]。这是著名讲话中的著名段落。长期以来，有人将其总结成"吃饭哲学"。作为表述的简化，用"吃饭哲学"来指称"直接的物质的生活资料的生产"，甚至指代马克思的唯物史观，都是没有问题的，无须用严格的学术话语来质问其简略性、朴素性。

除了社会历史观方面的"吃饭哲学"，恩格斯还正确指出马克思在批判旧制度，即批判资本主义社会方面的大发现。"不仅如此，马克思还发现了现代资本主义生产方式和它所产生的资产阶级社会的特殊的运动规律。由于剩余价值的发现，这里就豁然开朗了，而先前无论资产阶级经济学家或者社会主义批评家所做的一切研究都只是在黑暗中摸索。"[2]这里出现了另一个几乎是原点意义的概念——"剩余价值"，同样地，在学术上似乎也受到是否有还原论之嫌的拷问。犹如在社会历史

---

[1][2] 《马克思恩格斯文集》第3卷，人民出版社2009年版，第601页。

观上提出了"吃饭哲学"一样，在分析批判资本主义社会方面马克思发现了"剩余价值"，提出了剩余价值学说。这里是否属于还原论之问也显得非常外在而不得要领，因为剩余价值学说科学而准确地解释了资本主义社会资本家剥削工人的秘密。

社会存在和社会意识辩证关系的原理对于社会发展包括社会文化建设具有重要指导意义，这是不言而喻的。社会发展理念特别是路线、方针、政策是否正确，取决于它们能否正确反映社会存在。我国社会改革和发展的顶层设计或总体部署，必须从我国现实的社会存在出发，即从我国现实的社会物质生活条件的总和出发，也就是从我国的基本国情和发展要求这个实际出发。坚持和完善中国特色社会主义制度，推进国家治理体系和治理能力现代化，也要服从这一条原理。思想文化的发展既取决于社会存在发展的要求，又对社会存在发展起能动作用。出于文化在社会意识中的独特地位，下面我们将要对发展社会主义先进文化加以讨论。

五、唯物史观视域中的社会意识与文化

虽然文化的定义是一个众说纷纭的事情，但文化是社会意识的重要组成部分却是非常明显的。文化是一个国家、一个民族的灵魂与精神家园。文化兴则国运兴，文化强则民族强，文化不振则世道人心也跟着凋敝，文化中没有主流意识形态的引领与塑造，就会充满各种自以为是的论调，甚至各色的虚无主义冲决横行。盖文化蕴含着人类的智慧、价值追求和审美情趣。换言之，文化乃真善美的载体和表现形式。文化的核

心是价值观，即何谓善、何谓好。犹如孩提观影，总要问身边的大人影片中人物是不是好人一样，人们自觉不自觉地都用价值视角在衡量、选择、评价。当然，这里所言的文化，与文化学上的文化角度有别。举凡适应先进生产力发展要求、代表人民群众长远利益、顺应人类文明发展趋势的文化，都能起到促进社会进步和发展的作用，或对人产生精神上的陶冶，而人的劳动又是生产力发展中最为活跃的因素。在人类历史发展中，先进文化是有效解决人类社会生存和发展中各种矛盾的精神武器。值得一提的是，这里所说的先进文化，是从历史观角度出发的。

　　思政人的文化观是值得讨论的一件事情。首先，思政人的工作绝不是照本宣科地跟着文件和报告走的。这样就会出现第二个值得注意的方面，那就是容易陷入一种主观主义的外在反思。国内著名学者吴晓明先生在其学术论文中有过精彩的讨论。这里我也想结合论题就此稍作停留。什么是主观主义的外在反思？在哲学上，外部反思是作为忽此忽彼的推理能力，从来不深入事物的内容本身当中；但它知道一般原则，而且知道把一般原则运用到任何内容之上。通俗而言，外部反思就是形式主义或教条主义，它属于主观思想。① 实际上这是黑格尔提出的一个概念。黑格尔在《精神现象学》中把外在反思的机能，即忽此忽彼地活动着的推理能力，称为"在非现实的思想里推论过来推论过去的形式思维""形式推理"；虽说这种形式推理有别于粗浅"表象思维"（完全沉浸在材料里的偶然的意识），但却是以放弃和拒斥真正的实体性内容（社会存在）为本质特征的。形式推理正是由此而使自身能够将一

---

① 吴晓明：《什么是开启我们时代思想的当务之急》，《文汇报》2014 年 2 月 26 日第 12 版。

般的原则运用到任何内容之上。他们的口头禅是"一千个读者就有一千个哈姆雷特"。在很多场合（包括网络空间），他们往往一方面坚持"视角主义""多样性"，一方面又寻求与自己看法相同的另一种表达"视角主义""多样性"的声音，浑然不觉自相矛盾。由于作为外在反思的形式推理只是对内容的抽象否定，所以，"这种推理，乃是返回于空虚的自我的反思，乃是表示自我知识的虚浮。……这种反思既然不以它自己的否定性本身为内容，它就根本不居于事物之内，而总是漂浮于其上；它因此就自以为它只作空无内容的断言总比一种带有内容的看法要深远一层"①。这样的反思可以轻而易举地赞同一个思想，正如它也可以轻而易举地反对一个思想一样。更加值得警觉的是，基于网络资讯异常发达的现状，思政人不仅要远离外在反思，更要远离貌似客观有效而实际上披着外在反思的各种网络杂音。

让我们回到关于文化作用的讨论。文化对社会发展的重要作用主要表现在：其一，文化为社会发展提供思想保证。这一点不难理解。作为一定经济、政治反映的文化，它必然发挥维护或批判现实社会的功能，并影响着社会发展的方向。先进文化为社会发展指明变革方向并能够保证社会沿着正确方向前进。中国特色社会主义文化积淀着中华民族最深层的精神追求，代表着中华民族独特的精神标识，是中国人民胜利前行的强大精神力量。何谓中国特色社会主义文化？简而言之，它包含中华民族优秀传统文化、革命文化和社会主义先进文化等。因此，一谈到文化，就不自觉地想到古代文化，甚至只把目光放在先秦或者某一个范围之内的某些人物、某些经典、某些思想是狭隘的、不全面的。

---

① 黑格尔：《精神现象学》上卷，贺麟译，商务印书馆 1979 年版，第 40 页。

其二，文化为社会发展提供精神动力。唯物史观中社会前进与发展的动力是人民群众的作用，社会形态之更替是生产力与生产关系矛盾的辩证运动。那么，这里文化为社会发展提供精神动力又是怎么一回事？难道说社会发展的动力有"两个"？想要说清楚这个问题，实际上在两个层面上作出区分即可。一个层面是存在决定意识，社会存在决定社会意识，因而历史主体是人民群众及其活动。这是唯物史观意义上的推动力，生产力和生产关系、经济基础和上层建筑的矛盾是社会基本矛盾，阶级斗争是阶级社会发展的直接动力。另外一个层面是指社会意识对社会存在的反作用，具体的人在精神世界中因为占据文化而形成的主观进取意识，为理想而努力奋斗的精神状态，这是一种精神动力。所以，个体的精神动力与历史发展的动力不是一回事。从马克思主义哲学原理上说，一切前进的动力都是辩证法自身的展现，更进一步说，否定才是动力。所以，我们在思考改革发展与稳定的关系时，总会说改革是动力，发展是目的，稳定是保证。改革为何是动力？因为改革就是矛盾的辩证运动，是自我否定自我完善。而在一般日常语境中，我们则说为了实现目标，主观上所作出的意志力、决心是强大动力。

中国特色社会主义文化是凝聚和激励全国各族人民的重要力量。2014 年 10 月 15 日，习近平总书记在文艺工作座谈会上的讲话指出："中华民族从来不是一帆风顺的，遇到了无数艰难困苦，但我们都挺过来、走过来了，其中一个很重要的原因就是世世代代的中华儿女培育和发展了独具特色、博大精深的中华文化，为中华民族克服困难、生生不息提供了强大精神支撑。"①

其三，文化为社会发展提供凝聚力量。社会力量的凝聚有赖于文化

---

① 习近平：《在文艺工作座谈会上的讲话》，新华网，http://www.xinhuanet.com/politics/2015-10/14/c_ 1116825558. htm。

认同，文化通过它在社会中占主导地位的思想道德观念和规范体系，整合和统一其他思想道德观念，教化社会成员，规范人们行为，保持社会认同，凝聚社会共识，促进民族意识和民族精神的形成。"中华文化既坚守本根又不断与时俱进，使中华民族保持了坚定的民族自信和强大的修复能力，培育了共同的情感和价值、共同的理想和精神。"它是全体中华儿女共同的精神家园，是中国人民增强国家认同和社会认同的强大力量。

其中，哲学社会科学是文化的重要组成部分，其发展水平反映了一个民族的思维能力、精神品格、文明素质，体现了一个国家的综合国力和国际竞争力。哲学社会科学的发展水平和繁荣程度，是一个民族综合素质和国家文化软实力的重要体现和突出标志。一个国家的发展水平既取决于自然科学发展水平，也取决于哲学社会科学发展水平。我们在日常语言中往往把它们作为科学与人文看待，也把哲学社会科学说成文史哲等。科学与人文两者的关系可以这样表述：一个没有发达的自然科学的国家不可能走在世界前列，一个没有繁荣的哲学社会科学的国家也不可能走在世界前列。高校思政课有其知识性的要求，尽管思想政治维度是首要的。所以，尽可能全面地掌握哲学社会科学文化，充分了解社会主义先进文化，既是教学本身的需要，同时也是教师作为行动者的人而参与社会历史进程的需要。

在马克思看来，社会在按照某种规律向前运动，这类似于本书前文所说的天道流行。其运动在形式、阶段、质态上的差异，构成社会形态的差别。在具体的某个社会形态中，生产力与生产关系、生产力与上层建筑是稳定的统一体。于是在结构上，就出现经济形态、政治形态和意识形态。这三者在具体的历史进程中是统一的。其中，经济形态及其所决定的"生产关系的总和"是本质性的、基础性的。人的本质是一切生产关系的总和，无非是说经济形态方面构成单个人的本质属性，也即他的历史与社会属性。他尚未"踏入"他所在的社会之前，就面临这个结构或者说局面。所以，存在主义哲学，生存论哲学在马克思主义这里都可以找到自己的镜像和解释，反过来说，马克思主义哲学也超越了存在主义、生存论哲学。毕竟他们都是在解释世界，而问题在于改变世界。

但是此前的哲学家则采取一种"本末倒置"的障眼法，遮蔽真相，把社会运动即历史看成单纯的意识发展史。对此，马克思、恩格斯有过深刻的揭露。"哲学家们在已经不再屈从于分工的个人身上看见了他们名之为'人'的那种理想，他们把我们所描绘的整个发展过程看作是'人'的发展过程，而且他们用这个'人'来代替过去每一历史时代中所存在的个人，并把他描绘成历史的动力。这样，整个历史过程被看成是'人'的自我异化过程，实际上这是因为，他们总是用后来阶段的普通人来代替过去阶段的人并赋予过去的个人以后来的意识。由于这种本末倒置的做法，即由于公然舍弃实际条件，于是就可以把整个历史变成意识发展的过程了。"① 这一点，海德格尔从某种意义上也在加以揭露和批评。比如，他发现，希腊人的 φυσιξ 概念，到了拉丁语成了 natura，重要意义也一再丧失，而且最关键的是，"总是用后来阶段的普通人来代替过去阶段的人并赋予过去的个人以后来的意识"。"被理解为自然；此外，如果物质实体，像原子、电子这些近代物理学作为

_____

① 《马克思恩格斯全集》第 3 卷，人民出版社 1960 年版，第 77 页。

Physis 来研究的东西的运动过程被规定为自然基本现象，那么，希腊人最初的哲学就在走向一种自然哲学，走向一种认为所有事物本来都具有物质本性的想法。于是，希腊哲学的开端，像日常理性所理解的开端那样，造成了我们又是在拉丁文中描述为原始的东西的印象。这样说来，希腊人根本就成了那种对近代科学盲然无知的霍督屯人的较高形态而已。撇开这种认为西方哲学的开端为原始的看法的一切荒唐处不谈，这里要说的是，这种解释忘记了重要的事是哲学，是人类罕见的伟大事业之一。所有的伟大事物都只能从伟大发端，甚至可以说其开端总是最伟大的。渺小的东西则总是从渺小启端，如要说这种渺小的开端也有几分伟大的话，那只在于它使一切都变小了。崩溃是从微小开端，但从导致全体毁灭之巨量的意义来说，也可以说是伟大了。"① 海氏所论和马克思的揭示尽管旨趣大异，但在批判西方"唯今论""唯我论"的表象思维上若合符节。

　　与三种形态（经济、政治和意识）相对应，社会基本机构也自然地呈现三重结构，即经济结构、政治结构和观念结构。意识与观念，在这里几乎是相同含义的不同表达。其中，经济结构有广义和狭义之分。广义的经济结构是指生产方式，包含生产力和生产关系两方面。狭义的经济结构是指经济关系或经济制度。这里指的是广义的经济结构。政治结构是指建立在经济结构之上的政治上层建筑，即政治法律制度及设施和政治组织。观念结构中的主要部分是以经济结构为基础，并反映一定社会经济和政治状况的社会意识形态，即观念上层建筑。社会基本矛盾

---

① 马丁·海德格尔：《形而上学导论》，熊伟、王庆节译，商务印书馆1996年版，第17页。

实际上也就是社会基本结构要素之间的矛盾。生产关系或经济基础的变化，不仅决定于生产力的发展，而且受制于社会意识形态和政治法律制度即上层建筑的变化或变革。当上层建筑适应新的经济基础时，就必然会促进经济和社会的进步。当上层建筑不适应经济基础状况并阻碍生产力的发展时，只有解决了经济基础和上层建筑的矛盾，才能解决生产力和生产关系的矛盾，进而解放生产力、发展生产力。

弄明白了这一番道理，尤其是阶级斗争作为阶级社会发展的直接动力之基本原理之后，那么，我们就获得了阶级分析的方法。阶级分析方法要求全面、动态地分析阶级状况，分析各阶级的经济地位、政治立场和意识形态，准确把握各阶级之间的关系和阶级力量的对比及其变化，把握社会运动和社会生活的脉搏。这是马克思主义政党制定正确路线、方针、政策的重要依据。何谓以及如何做到"全面且动态"地分析？那就是在认识和处理阶级矛盾时，要严格区分阶级矛盾和非阶级矛盾、对抗阶级之间的矛盾和非对抗阶级之间的矛盾，以及敌我矛盾和人民内部矛盾。

第三章

资本主义社会意识形态批判

前一章我们集中讨论思政课，特别是"原理"课中关于意识形态思想的基本观点、立场与理论。本章则主要聚焦理论的运用，着重针对资本主义社会中的意识形态加以分析批评，然后结合《德意志意识形态》相关内容作进一步分析。必须解释的是，我们把前一章作为理论，把本章作为运用，这里会牵涉马克思主义哲学与马克思主义政治经济学的关系问题。这个问题目前在学术界还存在一些争议。一般都从马克思主义三个组成部分来理解，而回避谈论前两个部分的具体关系。也有人认为两者是理论与实践的关系。出于"原理"课的"原理"特征和要求，其表述方式是不同于文本细读和阐释的。我们知道，一般而言的马克思主义哲学（即尚未包含《资本论》的部分）也是一个发展过程。这包含《1844 年经济学哲学手稿》（人的类本质作为人解放的本体论根据，人在历史中异化作为人解放的必要性根据）、1945 年的《关于费尔巴哈的提纲》（标明了不同于以往解释世界的改变世界之实践路径、方法和保证，即在实践中解放，在解放中实践）、1945—1946 年的《德意志意识形态》（揭示走出以物为基础的独立道路），以及 1948 年发表的

《共产党宣言》等一系列重大而伟大的文献。① 所以有学者认为："马克思主义哲学的创立使哲学的理论主题从'世界何以可能'转向'人类解放何以可能'，使哲学的聚焦点从宇宙本体转向人的生存本体，从解释世界转向改变世界。"② 对此结论，我国的马克思主义研究者孙正聿先生给出了确证："《资本论》就是马克思主义的'新世界观'，因此，应当在马克思主义哲学与《资本论》的'互释'中，既阐释《资本论》的哲学思想，又重新理解马克思主义哲学。"③ 由此可见，这里的"互释"概念较为准确地回答了《资本论》与马克思主义哲学之间究竟是"运用"还是"构建"问题。由于本书不在学理学术上研究马克思主义哲学的结构关系或整体性理解，因此，在意识形态话题上提出理论与运用的关系，并不意味着主张马克思主义哲学与马克思主义政治经济学（尤其是《资本论》）也就是理论与运用的关系，或"完成""互释"关系。

一、资本主义社会意识形态的实质

根据第二章的论述，我们知道资本主义制度与其他形态的制度一样，也可以从三个层面加以透视：政治的、经济的和文化的。其中，政

---

① 陈晓曦：《解放价值论——基于马克思主义基本原理中"价值"概念的分梳》，《温州大学学报》（社会科学版）2017 年第 5 期，第 31~37 页。

② 杨耕：《重新理解哲学的显著特点和马克思主义哲学的本质特征》，《学术研究》2015 年第 1 期，第 1~11 页。

③ 孙正聿：《〈资本论〉与马克思主义哲学》，《学习与探索》2014 年第 1 期，第 1~14 页。

治制度与意识形态的关系最为密切。原理上说，资本主义政治制度是建立在资本主义经济基础之上，该制度反映着资本主义社会的经济关系，反映着政治上占统治地位的资产阶级的要求。同样地，根据原理，资本主义政治制度作为上层建筑又反过来保护其经济基础，为巩固和发展资本主义经济基础提供政治上的保障。具体地，国家通过对内的政治与管理职能的发挥，以及对外职能的实施来实现国家的本质。因为只要还是建立在私有制基础上的国家，那么它就还是资产阶级进行阶级统治的工具，这一点是无法更改的。从历史唯物主义的观点看，资本主义国家作为资产阶级利益的集中体现，在经济上要求契约自由、竞争自由、等价交换等主张，在政治上要求形式上的自由、民主、平等、人权，这些特征与奴隶制和封建制国家相比，是人类社会政治生活上的一大进步，对此我们应该承认并加以认真研究。比如人权概念，它原本是法国大革命时期的产物，相对于特权、皇权、教权、神权等现实不平等法权而言的，所以听上去格外吸引人，从而为资本主义制度的来临解放了思想。

但是，这种进步并没有改变资本主义国家作为剥削阶级对人民群众进行阶级统治和阶级压迫的工具的性质，并没有消除人们在政治生活方面实际上的不自由、不民主、不平等、损害人权的现象。其实，资本主义国家的建立只是以一种新的阶级剥削和压迫形式取代了以往旧的阶级剥削和压迫形式而已。我们以平等为例。资产阶级名义上标榜"法律面前人人平等"，但是，由于资本主义社会建立在私有制和资本特权的基础上，资本家和劳动者之间、富人和穷人之间存在着事实上严重的不平等，资产阶级法律的实质是将存在于资本家和劳动者之间、富人和穷人之间经济利益的不平等合法化。马克思、恩格斯在《共产党宣言》

中揭露资产阶级法律的本质时深刻指出："你们的观念本身是资产阶级的生产关系和所有制关系的产物，正像你们的法不过是被奉为法律的你们这个阶级的意志一样，而这种意志的内容是由你们这个阶级的物质生活条件来决定的。"① 而资产阶级的思想家、理论家、哲学家们恰恰遗忘了这个最大的存在——尽管他们的著作中充斥着存在的讨论——人类的物质生活条件，即经济的必然性。

资产阶级的各种思想理论和观念，是资产阶级在长期的反对封建专制主义和宗教神学的斗争中逐步形成和发展起来的——当然他们总是把这些思想冠之以"启蒙"之名，或符合全人类利益之名，如此等等，不一而足。而这些思想理论和观念后来成为资本主义占统治地位的意识形态，则是在资本主义国家产生之后，由统治阶级在以往形成的资产阶级思想理论和观念的基础上自觉地确立起来的。我们也可以称之为资本主义的官方话语。对这些官方话语也要辩证地进行分析。一方面，在资产阶级革命时期，由于资产阶级的思想理论与观念在批判封建主义和宗教神学、启发民众进行资产阶级革命、保证资产阶级革命的胜利和为资产阶级建立国家提供理论依据等方面发挥了非常重要的作用，因此它曾经在社会历史发展的过程中具有十分积极的意义。中国依然有很多学者在对此进行学术研究。另一方面，资产阶级在革命取得胜利后建立了资本主义国家，出于进行政治统治的需要，资产阶级开始构建资本主义国家的意识形态。从这时起，与文艺复兴和资产阶级革命时期一脉相承的资产阶级的各种思想理论和观念，就逐步发展为资本主义国家意识形态的基本内容。资本主义国家的意识形态同时也构成了资本主义国家上层

---

① 《马克思恩格斯文集》第 2 卷，人民出版社 2009 年版，第 48 页。

建筑的重要内容，为巩固资本主义的经济基础服务。

简而言之，资本主义的观念上层建筑的积极意义是相对于封建主义而言的，从人类发展的总体趋势看，其愈加变成维护自身阶级利益的工具则是十分明显的。由此也可以进一步看清其作为资本主义意识形态的本质。首先，资本主义意识形态是资本主义社会条件下的观念上层建筑，是为资本主义的经济基础服务的，因而是为资本主义国家的政治上层建筑服务的。这是一条颠扑不破的基本原理。列宁指出，"所有一切压迫阶级，为了维持自己的统治，都需要两种社会职能：一种是刽子手的职能，另一种是牧师的职能"，"牧师的使命是安慰被压迫者，给他们描绘一幅在保存阶级统治的条件下减少苦难和牺牲的前景"，"从而使他们顺从这种统治"。资本主义意识形态正是通过论证资本主义社会制度的合理性、资本主义民主的普遍性等方式来实现其"牧师"职能的。

其次，资本主义意识形态是资产阶级的阶级意识的集中体现。在资本主义条件下，资产阶级在进行阶级统治的实践中逐步形成了自己作为社会统治阶级的阶级意识，资本主义意识形态则是这种阶级意识的集中体现。注意，我们要特别留心阶级意识这个概念及其发生作用的方式。一般地，阶级意识是对阶级自我存在和阶级利益的领悟及认识。阶级意识包括两个要素，一是与另一集团处于敌对关系的某一集团中成员的共同意识，二是表现为反对另一集团的共同要求。在形成阶级意识的过程中，政治组织起着重要作用。这种政治组织，特别是政党通过宣传活动能够唤起本阶级的觉醒，使其逐步意识到本阶级的力量与使命，并使整个阶级形成一致的政治信仰而团结起来。不同阶级的阶级意识是迥然不同的，甚至是决然对立的。阶级意识的冲突是阶级斗争的直接表现，因为阶级意识的对抗通常表现为日常的舆论斗争和宣传的对抗，使两个阶级之间出现明显的政治观点纷争。

所以我们不能简单说阶级意识是好的或坏的。它更是一批人的思想武装、符号化并固化的身份标签。从资产阶级兴起，推翻封建制度，横扫宗教权威来看，阶级意识表现为某一阶层人的共识与集体身份。自从资本主义制度建立以来，这种阶级意识又转化为一种心照不宣的自觉意识和行动。同样地，无产阶级革命首先也是要完成一种阶级意识的塑造。比如在中国的革命进程中，这种阶级意识的塑造和赢得主要是通过土地革命来实现和完成的。农民通过阶级意识的洗礼，从被压迫的社会地位一下子就变成了社会革命的先进力量，即获得了具有历史意义的新的身份感。所以，工人与资本家的关系，还不能直接等于工人阶级与资产阶级的关系。这一点可以用来解释今天的资本主义生产方式一方面普遍存在，另一方面社会主义革命似乎又处在低潮的一个重要原因。即工人还仅仅是工人，无论他是白领、蓝领、金领还是粉领，只要他还只是以个体方式存在，即便是行动者来设想自己，来表达个体的愤恨并设想未来社会，那么，他就远未形成任何严格意义上的阶级意识。他可能抱有各种各样的抗争念头，甚至以个人的名义（当然也是以正义的名义）采取行动，但也始终无法形成阶级意识自觉背景下的与万千工人联合的社会革命行动。但反过来则不是这样的，也就是说，资产阶级作为资本主义社会的统治阶级，一方面意识形态来自统治阶级的实践，与统治阶级的历史命运紧密相连，并已经内化为阶级成员的基本信念；另一方面意识形态可以成为统治阶级进一步进行阶级统治的指导思想，为这个社会制度进行理论辩护。即统治者反倒有了阶级意识的自觉，并伴随着意识形态与国家机器建设。所以我们说通过阶级意识这个概念的反思，可以明白为何在现存的资本主义世界暂时还没有出现大规模的社会革命。

回到意识形态本身，我们知道资本主义意识形态具有欺骗性和虚伪性，正如马克思、恩格斯所说的，"资产者的假仁假义的虚伪的意识形态用歪曲的形式把自己的特殊利益冒充为普遍的利益"，为了使人们接受、认同其意识形态，资产阶级"赋予自己的思想以普遍性的形式，把它们描绘成唯一合乎理性的、有普遍意义的思想"。① 这个分析清晰地揭示了意识形态的本质。有过西方哲学史学习经验的都知道西方哲学源于古希腊哲学。在古希腊哲学的初期，我们都知道有好几组成对的概念：意见（doxa）—真理（truth）；个别（concrete）——一般（general）；特殊（particular）—普遍（universal）；可朽的（mortal）—不朽的（immortal）……这种构成主流的思维模式，虽然没有完全在历史中被继承，但总是深刻影响甚至塑造着西方哲学的发展。如此成对的概念，不仅是认识上的区分，更是实践上的区分，就是说，善恶观念也是由此奠基的。虽然后来的辩证法思想把特殊与普遍的矛盾以辩证发展的方式统一起来了，但这只是精神的历史发展历程；落实到具体的情境中，特殊是恶、普遍是善。"把自己的特殊利益冒充为普遍的利益，赋予自己的思想以普遍性的形式，把它们描绘成唯一合乎理性的、有普遍意义的思想"，这何以可能呢？如何"冒充"？如何"赋予"？怎么"描绘"？这就不单单是哲学家、思想家的工作，而是国家机器的"分内事"——资产阶级的哲学家、思想家只是在为此殚精竭虑地论证，为

① 《马克思恩格斯全集》第3卷，人民出版社1965年版，第195页。

此摇旗呐喊，充当理论打手而已。在《理想国》中，色拉叙马霍斯坚持正义是强者的利益，即 Might is Right，强权即公理，因为强权可以把私理甚至无理硬说成公理。

这一分析从某种意义上说也是广为人知的，但恰恰因为这个原因，不少人就产生了误解，把这个意思简单化为"意识形态是个坏东西"。也正是这样，很多人对社会主义条件下的意识形态问题研究保持一种怀疑。对于这个质疑，让我们首先从辩证地分析资本主义意识形态开始吧。

二、资本主义社会意识形态的评价

对于资本主义意识形态，应该用辩证的观点来分析。资本主义在长期发展中创造出大量物质财富的同时，也创造出丰富的精神成果。这些精神成果有相当一部分是以意识形态的形式被保存下来的。比如，霍布斯的《利维坦》、洛克的《政府论》，以及后来的德国古典哲学等名篇。在这些成果中，包含着人类文明进步的成就。特别是在资本主义国家建立起来以前，那些文艺复兴时期和资产阶级革命时期资产阶级的思想理论和观念，在反对封建主义和宗教神学、推动资产阶级革命的发展，以及促进资本主义国家建立的过程中曾起过积极的作用，因而其主要社会作用是推动历史前进的，是进步的。对于资本主义意识形态中的文明进步成分，我们应该加以研究、参考和借鉴。这里我们可以稍微聚焦一下"大量物质财富"并加以讨论。

实际上马克思在《资本论》第一册中对于资本的统治及其相伴随

的意识形态统治，从某种意义上是承认其必然性的，否则就无法创造出那么大的社会财富。"因此资本家对工人的统治，就是物对人的统治，死劳动对活劳动的统治，产品对生产者的统治，因为变成统治工人的手段（但只是作为资本本身统治的手段）的商品，实际上只是生产过程的结果，是生产过程的产物。这是物质生产中，现实社会生活过程（因为它就是生产过程）中，与意识形态领域内表现于宗教中的那种关系完全同样的关系，即主体颠倒为客体以及反过来的情形。历史地看，这种颠倒是靠牺牲多数来强制地创造财富本身，即创造无情的社会劳动生产力的必经之点，只有这种无情的社会劳动生产力才能构成自由人类社会的物质基础。这种对立的形式是必须经过的，正像人起初必须以宗教的形式把自己的精神力量作为独立的力量来与自己相对立完全一样。"① 一方面马克思看到了劳动的异化状态，物对人进行了统治，人的自由无从谈起。所谓物就是劳动的结果，即产品，它是劳动的凝结，因而是客观化的"死劳动"。异化状态也就是主客颠倒的状态，在意识形态中亦复如是，并表现于其他文化样式，如宗教。但是历史地看，这种颠倒是靠牺牲多数来强制地创造财富本身，即创造无情的社会劳动生产力的必经之点，只有这种无情的社会劳动生产力才能构成自由人类社会的物质基础。这种对立的形式是必须经过的，正像人起初必须以宗教的形式把自己的精神力量作为独立的力量来与自己相对立一样，它客观上为更高级社会阶段的来临准备了物质基础，即生产力的准备是另外一回事。对此我们不可以用"早知如此何必当初"的幼稚来设想，设想人类可以跨越这个痛苦的"无情"历史阶段，即"这种对立的形式是

---

① 《马克思恩格斯文集》第 8 卷，人民出版社 2009 年版，第 469 页。

必须经过的"历史阶段。

马克思看到，大工业通过普遍的竞争迫使所有个人的全部精力处于高度紧张状态。时间观念发生了急转直下的变化，它不再是以春耕夏耘秋收冬藏为单位来计量了，也不是以所谓的旱季与雨季为尺度，它的唯一尺度就是生产周期。采购原料多少天，生产周期多长，销售环节花费多久，等等。一句话，资本的周转速度才是考虑的时间，因为这直接和剩余价值挂钩。大工业条件下，工人与机器紧密结合，并不断被"优化配置"以提高效率。同时，大工业还首次开创了世界历史，因为它使每个文明国家以及这些国家中的每一个人的需要的满足都依赖于整个世界，因为它消灭了各国以往自然形成的闭关自守的状态。我们至少有两个角度的世界史。第一种就是各自文明的"分头"表述。一般地，中学历史教科书都是这样叙事，在世界史部分都是分别介绍，从四大文明古国开始或者其他方式。通常我们都不太区分这种讲法究竟是世界范围的民族史、文明史，还是有了"世界史"观念之后回溯历程。诚然，人与人、部落与部落、族群与族群之间总是不断地存在着交往，主动地或被动地。所谓被动，就是说有可能是出于战争，逃避灾害，或者因为生存环境的恶化而发生的大规模迁徙。现在看来，真正有了世界观念之后的各民族交往历史，尤其是自觉地交往历史，应该是基于大工业生产而打开的。对于中国而言，也就是从"睁眼看世界"之后，才有了世界观念，当然之前存在"世界级"的文明和一系列事件。世界史的来临我们似乎是准备不充分的，准确地说，我们是被动地卷入了世界史。

再者，大工业使自然科学从属于资本，自然科学失去了自身的古风与纯粹。之所以说古风，是因为西方最早的科学活动与哲学活动是合一的，所以最早的哲学家也叫自然哲学家。出于对世界之整体存在的惊讶，于当下之际的爱智活动推动他们对周围世界展开思考。即便是近代以来的自然科学，那也是高贵的智识活动。但机器大工业的来临，让一切价值都从属于一种价值，并使分工丧失了自己自然形成的性质的最后一点假象。它把自然形成的性质一概消灭掉，它还把所有自然形成的关系变成货币的关系。因为货币成了一般等价物，这样每一单个的生产单位与其他上下游的生产单位的关系，乃至与政府、工人等一切人的关系，都可以叫资金链，都可以还原到财务账目。资本增值的冲动，让大工业冲出地域的限制，伸出国外，走向海外。它建立了现代的大工业城市——它们的出现如雨后春笋——来代替自然形成的城市。正如马克思、恩格斯所说的，"凡是它渗入的地方，它就破坏手工业和工业的一切旧阶段。它使城市最终战胜了乡村"①。

但是，资本主义意识形态作为资产阶级经济和政治的集中反映，是为巩固资产阶级的政治统治、维护资本主义的政治制度，为资产阶级的阶级剥削和阶级压迫服务的。因而，资本主义意识形态具有极大的阶级的和历史的局限性，对此我们必须加以分析、批判和扬弃。因此，我们在阅读研究西方政治与哲学相关作品时，就要有批判的眼光，学会鉴别。在这一点上，马克思、恩格斯都做出了极好的榜样。比如，马克思自己虽然曾是青年黑格尔派成员，但在树立了共产主义世界观之后，他又能对青年黑格尔派进行深刻的反思。他认为青年黑格尔派的意识形态家满口是"震撼世界的"词句，而本质上却是最大的保守派。"德国唯心主义和其他一切民族的意识形态没有任何特殊的区别。后者也同样认

---

① 《马克思恩格斯文集》第 1 卷，人民出版社 2009 年版，第 566 页。

为世界是受观念支配的，思想和概念是决定性的本原，一定的思想是只有哲学家们才能理解的物质世界的奥秘。黑格尔完成了实证唯心主义，在他看来，不仅整个物质世界变成了思想世界，而且整个历史变成了思想的历史。他并不满足于记述思想中的东西，他还试图描绘它们的生产的活动。"① 同样一针见血地分析，我们还可以在恩格斯 1884 年的《论未来的联合体》中读到。"迄今存在过的联合体，不论是自然地形成的，或者是人为地造成的，实质上都是为经济目的服务的，但是这些目的被意识形态的附带物掩饰和遮盖了。"② 恩格斯看到，古代的巴力斯、中世纪的城市或行会、封建的土地贵族联盟——这一切都有意识形态的附带目的，这些附带目的，它们是奉为神圣的，而在城市望族的血族团体和行会中，则来源于氏族社会的回忆、传统和象征，同古代的巴力斯的情况差不多。

所以，只有资本主义商业社会才是完全清醒的和务实的，但却是庸俗的。未来的联合体将把后者的清醒同古代联合体对共同的社会福利的关心结合起来，并且这样来达到自己的目的。"未来的联合体"也就是未来社会的形态，它是对"古代联合体"的扬弃和超越，它必然是冲破了"掩饰"，撕掉了一切"遮盖"。到那时，也不再有任何"附带目的"，但是基于扬弃之故，古代联合体对公共福利的关心被保留和继承，并在新的社会条件下最大限度地加以发展，可以说成了人的自觉意识和行动。这时，我们也没有必要区分那种形态的社会究竟是自然还是人为，因为在高度发达的生产力基础上，充分洋溢着对共同的社会福利

---

① 《马克思恩格斯文集》第 1 卷，人民出版社 2009 年版，第 510 页。

② 《马克思恩格斯全集》第 21 卷，人民出版社 1965 年版，第 447 页。

的关心，将是非自然的"第二自然"，或者更加地自然了。

当然，资本主义的意识形态和政治制度作为上层建筑在战胜封建社会自给自足的小生产的生产方式，保护、促进和完善资本主义生产方式方面起着重要作用，从而推动了社会生产力的迅速发展，促进了社会进步。资本主义民主制是与资本主义生产方式相适应而发展起来的。资本主义的政治制度虽然本质上是为资产阶级服务的，但在经济上保护自由竞争、等价交换，政治上推崇自由、民主、平等，与奴隶制和封建制国家相比，无疑是人类社会政治生活上的一大进步。正如本课题所主张的那样，马克思主义也有其三大来源，其次马克思也熟悉古希腊哲学与基督教哲学。从研究的角度说，认真学习研究那些思想资源可以说也是更加深刻地把握马克思主义的内在要求之一。

正是这个缘故，一些思想者以"真正的社会主义者"自居，竟然想到用资本主义的意识形态来阐明社会主义，甚至是共产主义的思想。这是一种双重的误解。一方面没有看清黑格尔、费尔巴哈等人的思想实质，另一方面也错误地领会了关于社会主义的重要特征及其与资本主义的区分。针对这一点，马克思、恩格斯展开了深刻的分析，指出这种"奠基"乃是一种主观幻想和缘木求鱼式的错误。"一方面是由于他们对这些思想的纯粹文献上的联系甚至一无所知，另一方面是由于上面已经提到过的他们对这类文献的错误了解。"[1] 这就是说，他们把对这些共产主义的体系、评论和论战性著作的理解，同现实运动当成两回事，实际上，那些关于未来共产主义社会体系、评论和相关著作不过是现实运动的表现与发展结果；这样，这些自居者又任意把这些体系、评论和

---

[1] 《马克思恩格斯全集》第3卷，人民出版社1965年版，第536页。

著作同德国哲学联系起来，仿佛两者一脉相承。这就是活生生地把"一定的、受历史条件制约的生活领域的意识"同这些生活领域割裂开来，从而用真正的、绝对的意识即德国古典哲学的意识来衡量这个意识。

三、意识形态批判的意义

上文已经说明，资本主义社会的意识形态无非就是一种冒充，把特殊冒充为普遍，把具体历史时期的产物说成是全人类的财富而已。这里我们首先要直面一种尖锐的反问——高校思政课课堂上每每会发生这样的提问：既然意识形态是虚假的反应，而且带有必然性，那么，马克思、恩格斯本人是如何观察出来的呢？

这个问题换算成生活问题就是，人人都不能幸免的状态下，一个人倒好像成了幸运儿，这如何可能？继续追问的话，这个问题又会变成：马克思主义的唯物史观是如何可能的。实际上，马克思的历史唯物主义学说正是在意识形态评判的前提下形成并发展起来的。回到马克思的思想历程以及他的时代语境，他在青年时代还深受黑格尔思想的影响，因而是一名青年黑格尔派。当时该学派的掌门人是鲍威尔与费尔巴哈。实际上，在马克思的博士论文《德谟克利特的自然哲学和伊壁鸠鲁的自然哲学的差别》中就流露出其所受的黑格尔思想（尤其是黑格尔精神现象学方面），以及鲍威尔的自我意识理论熏染。随后的《1844年经济学哲学手稿》与《神圣家族》论著中则展现了费尔巴哈的人本主义观念。这一点我们从恩格斯的《路德维希·费尔巴哈和德国古典哲学的终结》中就可以看出，因为其中提到了费尔巴哈的《基督教的本质》（即其中的人本主义思想）对马克思本人思想的形成构成的重大影响。当然，马克思毕竟是马克思，他不久就转身批评黑格尔、鲍威尔和费尔巴哈，在评判中并通过评判活动，他成为马克思主义者——自然地而且逻辑地，他也是马克思主义的创始人。所以，我们可以提前回答这一节一开始的发问，简而言之，是评判让他"跳出"了窠臼。

　　为何这样说呢？因为历史领域是受意识形态遮蔽的"重灾区"，理论上也最令人困惑。纵然是费尔巴哈，众所周知地，他也只是半截子的唯物主义，在历史观上还是拜倒在黑格尔的历史哲学里，陷入了唯心主义。不过反过来说，正因为历史领域被严重遮蔽之缘故，所以如果能够拨乱反正，正确认识人类历史，辨识清楚社会存在与社会意识的关系，那么，这个回报也是最为丰厚的，可以说是找到了走出历史迷宫的导向地图。所以，出于对德意志意识形态以及一般性意识形态的批判，让马克思开始重新探究人类社会的历史活动的原因与结构，并将其把握为历史唯物主义。这两者之间是相辅相成的关系，也即批判越是深入、越是彻底，对人类社会的历史活动的解释也就越是深入、越是彻底。

　　马克思进行的批判工作其主要利器就是运用辩证法思想，当然不是黑格尔那种"手足倒置"的而是被科学地再次颠倒过来的，因而是完全正确的那种辩证法。辩证法让这种批判变得具有革命性和巨大威力。其实，辩证法就是对"自因"说的扬弃，它不慕求或诉诸其他别的什么东西，完全是在肯定、否定与否定之否定的道路上的层层抽丝剥茧、去伪存真。犹如我们在马克思自己的学说里呈现的那样，资本主义社会的灭亡，也完全是自身辩证的矛盾运动之结果。可以这样说，意识形态批评是在唯物史观的发现过程中出现的，同时又是其组成部分。我们不得不承认的一个基本情况就是：社会是社会，而自然是自然。社会生活本质上是实践的。人的实践活动在动机与目的上均来自心灵；而心灵中的一切知识都来自教育，尽管理性能力本身也有一定先天成分，但那也只是形式或潜能。所以，一定社会中生存的人，他就天然处在意识形态之中。在这个意义上本节开头的反问中，前半部分又是正确的。那就是说，人人都毫无例外地处在虚假之中，而且人的每一种活动又在推动、发展着（尽管是不自觉地）这种意识形态。

如此看来，情况倒是更加纷繁复杂了，不是吗？人人都处在意识形态中，甚至人就是意识形态的动物，同时又在制造并维系着诸意识形态，这等于说意识形态跟文化差不多是一回事了。但是马克思的深刻之处，在于他在这千头万绪的纷繁中清理出一种基本建制。第一，现实活动着的实践着的人是头绪，是境域式的本原。这里的本原绝不能诉诸历史。在某种意义上海德格尔的哲学与马克思的思想有共通与呼应之处。第二，在这样的基本建制中，作为本原和基础性的"现实活动着的实践着的人"已经包含对人的动机、目的、意识以及全部的意识形态的意义接受和承认。这一点也是区分历史唯物主义和机械唯物主义的准绳。机械唯物主义面对问题时，总是以力学的方式加以思考，他们似乎执着于找到一个清楚的概念，然后思考该概念的对应概念，并考察它们的关系。实际上这样永远都是一团迷雾。比如说，一方面，社会存在中，很多也是思维的产物和客观化；另一方面，社会意识似乎也是物质性的，物质产生不也是激发着各种社会意识吗？于是，他们就永远处在这样的纠缠之中，无法"分离"出一个最基础的可以充当意义本原的概念。从根本上讲，机械唯物主义没有一种境域式的洞察，不知道通过一种结构性的阐明来切入真问题。第三，鉴于前述的意识形态与唯物史观的关系，我们发现，越是深入理解意识形态，也就越是能理解唯物史观。

总的来说，以批判为指针的私有制社会尤其是资本主义社会的分析工作，意识形态总是带有否定意味，因为意识形态作为一种总体性的存在，它在根本上对人的思想构成制约，就是说，一个人不得不在里面打转。当反思和批判的彻底性达到一定程度之后并致力于将意识形态作为主题加以思考，哲学工作就获得一种新的奠基、一种跃出的力量与视域。正如俞吾金总结归纳的："凡是认真研究过马克思思想的人都会发现，马克思一系列重要著作和手稿的标题或副标题都带有'批判'这个词，如《黑格尔法哲学批判》（1843）、《神圣家族，或对批判的批判所做的批判》（1844）、《德意志意识形态：对费尔巴哈、布·鲍威尔和施蒂纳所代表的现代德国哲学以及各式各样先知所代表的德国社会主义的批判》（1845—1846）、《政治经济学批判》（1859）、《资本论：政治经济学批判》（1867、1885、1894）、《哥达纲领批判》（1875）等。"①这些文献的名称固然表现了批判思想，但这不等于说标题中不带有这个词的著作中就不贯彻其批判理论了。事实上，马克思一生的著作都贯穿批判精神，它是对德国古典批判精神的继承与伟大改造。

与青年黑格尔派不同，1844 年的马克思开始致力于一种"新的世界观"，通过对他所处时代的斗争、愿望和意识作出深刻的分析，也即

---

① 俞吾金：《意识形态论》，人民出版社 2009 年版，第 157 页。

"在批评旧世界中发现新世界"①。这样马克思就完成了从天国的批判到尘世的批判，到法的批判，再到政治的批判，直至把批判的矛头指向现存制度。正是在这个意义和基础上，才有了那句著名的话，"批判的武器当然不能代替武器的批判"②，这就是说哲学工作（对整个观念形态的评判）和革命手段推翻现行政治制度都是必要的。我们知道，终于在《关于费尔巴哈的提纲》中，马克思再次把批判的锋芒对准了费尔巴哈，指出他的"不了解革命的""实践批判的"活动的意义，而全新的唯物主义要致力于改变世界，绝非一味地满足于解释世界。直到《德意志意识形态》书稿完成，马克思的批判理论完全建立，该论著也可以看成是马克思批判理论成熟的标志。通过比较，我们也可以发现马克思之前的思想家们的问题所在，从而反过来理解意识形态批判工作的意义。

为马克思所批判的那些思想家往往也被称作意识形态家，他们最容易犯的错误是离开真实的历史条件抽象地讨论问题。马克思超越之处可以概括为三点。第一，把握住了历史性而非简单的历史。历史是前后相继的因果性事件的总和，诚然也是重要的，然而它不等于历史性。历史性的维度更注重逻辑必然性，而不是作为学科考察对象意义上的前后相继关系。历史性才是历史的可能性根据。历史性更与民族的天命、命运相联系，而超越当前眼下的现成的社会存在。被意识形态家们津津乐道的意识、精神实际上是历史过程的结果，而现实活动的实践着的人才构成实际的主体，他的历史条件才是破解历史观的真正入口。第二，把握

---

① 《马克思恩格斯全集》第 1 卷，人民出版社 1960 年版，第 416 页。
② 《马克思恩格斯全集》第 1 卷，人民出版社 1960 年版，第 460 页。

住了总体性。要说整体性思想，黑格尔的精神哲学也算是合格的，但是由于被包裹在意识形态中，因而它只是停留于外在反思的虚假的总体性。于是，意识形态便从属于这样的总体性，并作为观念形态来反映这一总体。而真实的总体性则破除种种抽象，比如通过揭穿人的抽象，将其理解为现实的从事生产活动的人，而不是概念中的人；同时，用结构性的建制观念来取代先后相继之历史的机械决定推演。第三，把握住了实践性。对实践性的把握不仅在历史主体、历史前提上，更主要的是在历程过程及其出路上。从此开启了新的革命的哲学，那就是以往的哲学家都是在解释世界，而问题在于改造世界。

第四章

意识形态领导权

关于意识形态的概念及其阐释，以及马克思、恩格斯关于意识形态批判方面，我们已经作了分梳。本章我们主要是处理意识形态领导权问题，这一方面从对应的高校思政课主干课程来说，则主要体现在"概论"课中，当然"基础"课与"纲要"课也始终在贯彻。

一、无产阶级的阶级意识

我们曾说过，马克思主义思想首次追问了人类解放何以可能的问题。如果说这个解放需要一个阶级来完成，那么这个阶级就是无产阶级。当然，首先要廓清的一个误解就是通过传统思维来认识无产阶级这个概念。比如，以发生学的经验的方式来认识，无非就是大工业生产背景下的雇佣劳动者，然后为他们"重命名"，因而采用无产阶级来指称他们。比如，以形而上学唯名论的方式来认识，无非就是无产阶级乃是一个共相，甚至是一种响声，即实际上并不存在什么无产阶级，只有单个的产业工人的总体。而在马克思看来，无产阶级这个名称、这个概念本身就宣告了一种制度的瓦解，这个概念获取力量，即占有它的现实存在的过程同时，也直接导致资本主义剥削制度的实际解体。

在《〈黑格尔法哲学评判〉导言》中，马克思指出："无产阶级要求否定私有财产，只不过是把社会已经提升为无产阶级的原则的东西，把未经无产阶级的协助就已作为社会的否定结果而体现在它身上的东西提升为社会的原则。……哲学把无产阶级当作自己的物质武器，同样，无产阶级也把哲学当作自己的精神武器；思想的闪电一旦彻底击中这块素朴的人民园地，德国人就会解放成为人。……德国人的解放就是人的解放。这个解放的头脑是哲学，它的心脏是无产阶级。哲学不消灭无产阶级，就不能成为现实；无产阶级不把哲学变成现实，就不可能消灭自身。"① 我们再次重申，无产阶级这个词不是来自任何经验归纳或某种机智的命名，它本身就是资本主义制度下的一种不妥协的否定（颠倒的再颠倒）、正义的抗议、革命的斗争、未来社会的宣告。私有制度条件下，社会日益分化为对抗的两个阶级，它们是统治阶级和被统治阶级。作为权力异化产物的国家出现了，接管了本来属于社会的一切权力；在资本主义制度里，由产业工人构成的无产阶级，经过革命的唯物史观的灌注和陶冶，强烈地要求把一切权力再次交还给社会。革命化了的新哲学即马克思主义哲学构成无产阶级的灵魂，犹如无产阶级就是马克思主义哲学的身体一样。两者的结合则是一种新的伟大的历史事件、历史进程。当马克思说"德国人就会解放成为人……德国人的解放就

---

① 《马克思恩格斯文集》第1卷，人民出版社2009年版，第15~18页。根据《黑格尔法哲学批评》"消灭"原文，其德语是"aufheben"，即扬弃的意思。所以这里"就不可能消灭自身"的消灭应当理解成扬弃。

是人的解放"的时候，或许读者会感到一丝惊讶，仿佛这是在主张一种大国沙文主义似的：德国优先论，其他国家人的命运似乎是次要的。实际上，马克思在德意志的民族国家之内发出了这样一种判断：无产阶级的运动将带来民族历史的终结，世界史的真正开启。所以这里丝毫没有任何对"德国人"的特殊偏爱与标榜，对非德国人的歧视，不是说德国人首先成为人，其他国家的人渐次跟进。需要知道的是，马克思的人类解放立场是世界事件，是全世界无产阶级联合起来追求自身解放，因而也是人类解放。所以这里德国人的解放，乃是因为全人类的解放而解放。

当然令人有些惊讶的还是最后一句，"哲学不消灭无产阶级，就不能成为现实；无产阶级不把哲学变成现实，就不可能消灭自身"。作为解放了的人，他的头脑属于哲学，身体属于无产阶级，到此为止，一般的思维可能认为这就把道理说清楚了。但是，倘若马克思只是到这里，那么他的理论彻底性与一惯性还没有真正完成，甚至有陷入重复资产阶级的意识形态老路的嫌疑。因为马克思还要求"哲学消灭无产阶级"，从而令哲学成为现实（wirklichkeit）。这个消灭就是说无产阶级之名称最终要归于消灭，绝对不是说无产阶级所指称的人的肉身归于消灭，更不是说哲学和无产阶级要同归于尽。因为当一切对立真正消失的时候，无产阶级的意识已经不再需要了，这样无产阶级革命也是哲学的行动和实现，也是全人类的共同解放。

之所以如此，乃是因为哲学和激情的力量共同决定了的。阶级是一定历史阶段的产物，无产阶级自然也是。无产阶级自身扬弃和哲学的实现是统一历史进程，而且前者还是后者的必要条件。无论是有产阶级还是无产阶级,他们都是人的自我异化的产物。包括资产阶级在内的有产阶级在自我异化的进程中满足了自身的不正义的欲望,并有意识地对这种不正义的利益加以维护和巩固——其直接表现就是发明一套意识形态——将其理解成自身生命力的某种合理扩张,并以这种"证成性"理由而存在,进而希冀其永存。与此相反的是,无产阶级则在这种异化进程中倍感压迫,甚至感到一种毁灭的临近。人格性和死亡说起来是两种最无法摆脱的平等意识,因为人格性就是人之为人之物,死亡就是人之永久性不复为人,因而作为掘墓人的无产阶级虽然要致力于消灭资产阶级,但也是为了让资产阶级与自己获得平等地位,因而表现为一种全人类的解放。所以,消灭的对象与其说是资产阶级,倒不如说是对立性的制度。因为这种异化,比如,无产阶级在资本生产与再生产中与其他设备和原料是合并计算的生产成本,所致使的非人的生存现实引发出一种公然的愤慨。不满与愤慨是专属于无产阶级的,本质上是出于人的类本质之剥夺,所以无产阶级总是要谋求一种带有否定外观的正义,当然它实际上也是肯定的。由此得知,无产阶级的自我解放是对产出这种不满与愤慨的社会生活条件的消除,而不是遵循着这种条件把资产阶级打翻在地,重新披上他们的外衣,进而一如既往地维系着原先的社会生活条件。这里劳动起到至关重要的作用,更准确地说劳动是一种严酷的教育,主奴辩证法在这里悄然而有力地发挥着效准。在《神圣家族》中,马克思、恩格斯指出,"它的目的和它的历史任务已由它自己的生活状况以及现代资产阶级社会的整个结构最明显地无可辩驳地预示出来了"①。所以说无产阶级的解放运动是结构上的、境域式的改变,而不

---

① 《马克思恩格斯全集》第 2 卷,人民出版社 1957 年版,第 45 页。

是一种社会地位、社会身份的变化。

在《神圣家族》这部光辉著作中，马克思、恩格斯还说道："私有制在自己的经济运动中自己把自己推向灭亡，但是它只有通过不以它为转移的、不自觉的、同它的意志相违背的、为客观事物的本性所制约的发展，只有通过无产阶级作为无产阶级——这种意识到自己在精神上和肉体上贫困的贫困、这种意识到自己的非人性从而把自己消灭的非人性——的产生，才能做到这点。无产阶级执行着雇佣劳动因替别人生产财富、替自己生产贫困而给自己做出的判决，同样地，它也执行着私有制因产生无产阶级而给自己做出的判决。无产阶级在获得胜利之后，无论怎样都不会成为社会的绝对方面，因为它只有消灭自己本身和自己的对立面才能获得胜利。随着无产阶级的胜利，无产阶级本身以及制约着它的对立面——私有制都趋于消灭。"① 私有制度的经济运动自身就蕴含着矛盾，而不是外在力量加诸的破坏力量，该矛盾的辩证发展必然地导致该制度的灭亡。这个过程与无产阶级自感贫困、愤怒和觉醒过程是不矛盾的。历史必然性与有条件性同样也是不矛盾的。这个条件正是无产阶级的阶级意识：意识到自己的精神与肉体的双重贫困与被剥夺；意识到自身的非人性的处境；意识到必须将这种境域消灭，最终私有制本身也归于消灭。

根据马克思的分析和预见，政治斗争的舞台将有"三个强大的敌对阶级"：地产、金钱、劳动。金钱与地产的斗争就表现为资产阶级革命及其胜利，类似地，在将来的无产阶级革命洪流中，劳动也战胜了金钱。从辩证的诸环节及其运动来看，共产主义也是否定之否定的辩证运

---

① 《马克思恩格斯全集》第 2 卷，人民出版社 1957 年版，第 45 页。

动，就人的类本质而言，也是对资本主义状况下人异化的"收复失地"；所谓否定之否定，展开来说就是对私有制度的否定——因为私有制本身就是对原始共产主义公有制的否定。一旦要彻底地完成这第二个否定，就势必与共产主义运动发生联系。所以，扬弃私有思想，则对应地需要有共产主义思想，这属于批判的武器；而扬弃现实的私有财产，则对应地需要有共产主义行动，这属于武器的批判。

到这里，我们就会发现有可能存在一种简单化的误解，即认为意识形态是不需要多加思考的，似乎更不是哲学的工作。基于这样的认识，一些高校思政课老师出现一种"不一致"，即课堂上保持宣讲式的高调、政策腔、社论味，课下显得很"亲切自然"。如此下去，一个直接的结果就是大学生更加接受"课下"的老师，对课堂的老师表示一种世故意义上的"同情"——毕竟老师要吃那碗饭。有些老师甚至产生一种内心抵触，刻意选择上"思修"课，回避上"原理"课、"概论"课，觉得"思修"课与意识形态比较远，因而可以发挥自己的优势，比如，"思修"课大谈人生哲学，分析点评时事热点，或者是分享哲理性短文、散文。甚至会出现这样的奇怪情况，即每次表达关于意识形态的话语和立场之前，会莫名地笑笑说，"那是马克思说的"；或者在语末补上"这是马克思的观点"，仿佛一直在撇清个人与刚刚说过的意识形态的关系，试图保持一种温和、中立、人情味，并通过笑容与笑声表达出一种无可奈何，又好像在跟在场的同学解释与说明，以争取他们的某种"同情"。总之，这样的认识是一种简单化、外在化的认识，它把意识形态理解成一种政治正确的妆容，好像他本人已经完全跳出了意识形态，实际上是完全没有把握马克思关于意识形态的基本点。在他们眼中，意识形态这件事俨然成了资本主义与社会主义之间的互批互怼。换言之，在官方主流媒体上的立场、表达、观点这些仅仅还是意识形态阶段性地在具体问题上的要求，而不完全是意识形态本身。当然，马克思的意识形态思想是马克思主义的一部分，也有中国化、大众化、时代化的任务，但是永远不是一种表演性政治话语，更不是一件人多的时候就用、人少的时候就脱掉的外衣。

对意识形态概念的认识，对资产阶级意识形态的揭露和警惕，对无产阶级意识形态的自觉认同，对中国特色社会主义条件下意识形态工作领导权、话语权的自觉，是共产党人、无产阶级身份的内在属性，更是高校思政课教师的不二"法印"。作为思想战线上的理论工作者，深刻领会意识形态工作领导权，这乃是历史观（传统意义上的天道）与人生观中最宝贵最坚实的财富。意识形态、阶级意识、唯物史观在马克思主义思想中是相互归属、共属一体的。作为思政课教师，他不可能是历史及其进程的旁观者，他必须同时也是那"现实活动着的实践的人"，所以，认识意识形态，批判资本主义意识形态，建立无产阶级的阶级意识，推进社会主义先进文化，牢牢把握社会主义意识形态话语权，可以说这乃是一种天命。

二、工人阶级领导权

在讨论马克思之后的意识形态问题的时候，我们需要首先明确一个事实。那就是，《德意志意识形态》著作写于 19 世纪 40 年代，但其问世则是在 20 世纪 30 年代，准确地说是 1932 年，也就是说此前的七十年中人们对该作是陌生的。当然，马克思的其他著作也有着丰富的关于意识形态理论分析与批判思想。而且一旦坚持了唯物史观就会在很大程度上熟悉了意识形态理论，即便没有将其主题化。在这将近一百年的时间里，马克思的后继者们主要以阶级意识批判资本主义社会，以建立工人阶级自觉为主题，来接续马克思、恩格斯开创的脉络继续前行。当然西方世界的思想版图也出现众多新动向，如叔本华与尼采的唯意志论试图对传统的意识形态进行"评判"，弗洛伊德的无意识心理分析也试图与马克思开创的理论"拉开差距"，孔德与迪尔凯姆的实证思潮也显得颇有影响，而韦伯的"价值中立"立场则试图消解意识形态的阶级内容。不妨这样看，这一波波的思潮都试图与马克思主义"叫板"，或标新立异而独树一帜。因此，我们既可以将其理解成一种挑战，也可以理解为马克思主义进一步发展的新契机。

老一辈打江山披肝沥胆，后来者描新图改地换天。法国的拉法格就沿着马克思开辟的道路，继续前进了。他认为应该在经济环境里，"找出社会进化和革命的基本原因"[①]。当然，经济环境固然是主要的，但也不能不看到意识形态能动的反作用。随后的德国马克思主义者梅林更进一步揭示了资本主义意识形态伪善的一面。更为中国人熟悉的恐怕是第二国际理论家普列汉诺夫了。他特别强调用总体性来把握问题，而不是把经济当成一个元素独立出来，作为某种意义上的"第一因"，这就是说要深刻把握马克思的境域式结构性决定论，而不是系统内的要素决定论。

20世纪真正继承发展马克思主义意识形态理论的伟大思想家革命

[①] 保尔·拉法格：《唯心史观和唯物史观》，王子野译，生活·读书·新知三联书店1965年版，第39页。

家首先是列宁。他旗帜鲜明地主张，资产阶级有其意识形态，无产阶级也应该有，即社会主义和共产主义的意识形态。至此，长期与意识形态相伴随的修饰词"虚假的"也从此脱钩了。建立在剥削制度上的奴隶社会、封建社会和资本主义社会，它们的意识形态当然是虚假的，马克思对此有过卓越的分析与批判；而以人类解放为己任的无产阶级对此一方面要继续进行批判，另一方面要坚守自身的一整套立场和观念，而这正是真实的，其本身也就是属于自己的意识形态。这种坚持从掌握宣传主动性来看则属于话语权。我们不妨再次提醒，意识形态不等于"进行虚假的鼓动性宣传"。在公有制制度下，社会主义制度下的坚持意识形态，坚决反对、批判资本主义意识形态是真实的、必需的。之所以说列宁是一个兼具继承性又有开创性的思想家、革命导师，乃是出于他一方面继承了马克思、恩格斯这一脉络，另一方面首次系统而有效地提出了建设新社会意识形态的思想——虽然他本人一生都非常遗憾地没有机会阅读《德意志意识形态》这部著作。一句话，马克思主义实质上就是无产阶级的意识形态。

这里我们看到意识形态这个概念在观念中被把握的轨迹：肯定性（特拉西）、否定性（黑格尔、费尔巴哈、马克思），以及描述性（列宁）。俞吾金为我们做了极为精彩的总结："在意识形态概念的创始人——特拉西那里，意识形态是一个肯定性的概念，是'观念的科学'的代名词。特拉西之所以赋予它以肯定性的含义，目的是把它与经院哲学、神学和宗教的种种谬误见解对立起来。在黑格尔、费尔巴哈和马克思那里，意识形态成了一个否定性的概念。黑格尔从德国启蒙主义者的立场出发，肯定意识形态本身就是精神异化的产物。意识形态，特别是宗教的内容是虚假的，人们必须通过启蒙，高扬理性，以便从盲目的信仰中摆脱出来。黑格尔的批判意识启发了费尔巴哈，他通过对宗教异化的批判，把神学还原为人学，可是在人学中仍然充斥着各种错误的见解，费尔巴哈由于成了这些见解的俘虏，也就再也不能向前迈进了。费尔巴哈所未竟的事业是由马克思来完成的。"① 这是对意识形态概念性质变化的梳理，当然这也是从纯学术角度出发的纵观，因而与我们的主题"意识形态领导权与思政教师的话语自觉"之视角不是百分之百重叠的。另外，俞先生从马克思的《政治经济学批评》中发现，马克思也说过这样的话，就是说，人们在自己生活的社会生产中发生一定的、必然的、不以他们的意志为转移的关系，即同他们的物质生产力的一定发展阶段相适合的生产关系。这些生产关系的总和构成社会的经济结构，即有法律的和政治的上层建筑竖立其上并有一定的社会意识形式与之相适应的现实基础。物质生活的生产方式制约着整个社会生活、政治生活和精神生活的过程。不是人们的意识决定人们的存在，相反，是人们的社会存在决定人们的意识。于是，他认为这是马克思用"描述性的口吻"来谈论。我们认为这段话实际上更是在阐明意识形态的来源，也即意识形态的发生学，并为进一步揭示资本主义社会意识形态的虚伪和欺骗性开辟道路。

　　在这里我们不妨插入一段以示强调。"那时社会革命的时代就到来了。随着经济基础的变更，全部庞大的上层建筑也或慢或快地发生变革。在考察这些变革时，必须时刻把下面两者区别开来：一种是生产的经济条件所发生的物质的、可以用自然科学的精确性指明的变革，一种

---

① 俞吾金：《意识形态论》，人民出版社 2009 年版，第 204～205 页。

是人们借以意识到这个冲突并力求把它克服的那些法律的、政治的、宗教的、艺术的或哲学的，简言之，意识形态的诸形式。我们判断一个人不能以他对自己的看法为根据，同样，我们判断这样一个变革时代也不能以它的意识为根据；相反，这个意识必须从物质生活的矛盾中，从社会生产力和生产关系之间的现存冲突中去解释。"① 这个论断除了有其上下文所限定的作用和意义之外，我们还要明确一点，那就是任何人不可能"非意识形态地"生活。"物质生活的矛盾""社会生产力和生产关系之间的现存冲突"才具有更深刻的说明力量。如此提醒其目的就在于，我们要辨识出那些自称是"非意识形态""超意识形态"，或者"意识形态中立化"的立场与观点。"法律的、政治的、宗教的、艺术的或哲学的"各种存在及其形式，是基于一个唯物史观的结构之中的。

至此我们必须回答一个非常尖锐的问题：马克思主义本身是不是意识形态？如果直接回答，既可以说是也可以说不是。说马克思主义是意识形态，它符合马克思对意识形态来源、特征的各种解释，是与资本主义意识形态针锋相对的，并在对资本主义意识形态进行批判中，对未来共产主义的展望中建立的。说马克思主义不是一种意识形态则原因有二。其一，马克思、恩格斯首先没有这样定位，而是称之为"科学"，我们都熟悉的"科学社会主义"这个概念应当从这里获得领会。其二，马克思、恩格斯等对建立在私有制基础上的意识形态已经完成，并在同一切冒牌冒充的诸理论斗争中完备起来。所以，这里说的"不是"，更准确地讲是"不需要是"，或者说出于避免引起混乱之故，不宜把马克思主义看成意识形态学说。那么，问题随之而来：为何我们今天依然还

---

① 《马克思恩格斯选集》第 2 卷，人民出版社 1995 年版，第 33 页。

要讲意识形态工作领导权呢？

　　还是让我们回到列宁的语境。在那时，马克思主义已经显示出巨大思想武器和战斗威力的作用。在 1902 年的《怎么办？》中，列宁首次阐明意识形态学说，而这个首次阐明是以肯定考茨基对"自发论"的批判为开端的。我们在前文多次指出，产业工人不直接地就是无产阶级，除非经过了阶级意识的中介，也就是说工人不是自发地就会形成社会主义、共产主义世界观，这需要革命导师的灌输和启发。考茨基对这一点的指明，显然得到了列宁的肯定。然后，列宁还指出超阶级的意识形态是不存在的，这不单单是一种理论的推导，更是基于人类没有创造过第三种意识形态。所以，"对社会主义意识形态的任何轻视和任何脱离，都意味着资产阶级意识形态的加强"①。列宁高度重视对于工人进行政治教育，一来是揭批资产阶级的意识形态，二来是灌输社会主义的意识形态。

　　无产阶级在阶级意识中，工人的斗争必须采取现实的组织形式。十月革命之后，列宁在 1914 年的《表明工人运动中各派别力量的一些客观材料》中分析指出："觉悟工人的最重要任务，是认识本阶级的运动，认识运动的实质、目的和任务，以及运动的条件和实际形式。这是因为工人运动的全部力量就在于它的觉悟性和群众性：资本主义每发展一步，都使无产者即雇佣工人的数量增加，并且团结他们，组织他们，教育他们，从而造成一支必然要奔向自己目标的阶级力量。"② 从自发的工人到自觉的有阶级意识的工人阶级是需要一定条件的。主观上，工

―――――――――

　　① 《列宁选集》第 1 卷，人民出版社 1995 年版，第 327 页。
　　② 《列宁全集》第 25 卷，人民出版社 1988 年版，第 323 页。

人需要提高认识，增强觉悟，掌握革命的理论；客观上是工业化大生产，工人的非人化处境进一步加剧；组织上，需要组织团结，进而建立自己的革命政党。

三、共产主义道德与文化

十月革命之后，在全新的历史条件下，列宁对意识形态思想的发展一个重要方面就是建设共产主义道德，当然这也是社会主义意识形态领导权与建设的问题。

这里首先需要澄清的是这样一个问题。马克思对道德是"不看好的"，所以就产生了一个疑问，是不是不可以说"马克思伦理学"，而应该说"马克思主义伦理学"，甚至有人提出马克思主义是否可以成立一门伦理学，如果可以的话又是怎样的伦理学（或道德哲学，这里我们暂时不作区分）。我们可以大致从两个方面对此加以回答。

首先，马克思对意识形态的来源、必然性、虚假性进行了深刻的分析和揭示，阐明了人类在批判旧世界走向新世界的必然进程。这里，道德属于观念层面的上层建筑，因此对意识形态和社会形态的分析就已经包含了对道德、哲学、宗教、法律的分析。即所谓伦理学要从社会矛盾的对立统一运动和物质资料生产中去找寻根据，而不是意识形态家们的一本本著作。所以，道德在马克思的哲学里也是"否定性的"。但是马克思对于革命精神高度肯定，对于未来世界人的类本质的重新复归，对人与劳动异化的克服，岂能说不是一种道德，无论是无产阶级道德抑或是社会主义或共产主义道德呢？他对巴黎公社中表现出来的勇敢与奋斗的称赞，又怎么能说不是对某种道德品质的肯定呢？但正如意识形态这个概念一样，如果说马克思也在坚持一种道德观，那么这多少与他对庸常观念中的道德之否定与评判有些混淆，所以，我们一般不需要直接说马克思本人有道德哲学或伦理学。至于经过列宁的推动，尤其是建立了社会主义制度之后，马克思主义发生了新的发展，与各民族的历史文化发生联系，此时则又可以说社会主义道德、价值或伦理学。所以，在当今中国我们说马克思主义伦理学，是一种建立在本民族的社会主义道路的探究与实践上的肯定说法，这与马克思、恩格斯本人在其一生奋斗中，对"道德"一词的否定性使用是不矛盾的。我们更不必在其3200万字的全集中搜寻马克思、恩格斯直接主张的道德、价值哲学或伦理学，以作为今天社会主义道德或共产主义道德的原初根据。

其次，当我们在讨论马克思主义是不是伦理学，以及是何种意义上的伦理学时，有一个问题正在被我们忽视，那就是好像伦理学或道德哲学中的"伦理""道德"的概念从来都是既定的，没有疑问的。甚至用现成的德性论、功利主义与义务论来加以比照，看看马克思主义是否有可能属于哪一流派。显然这是成问题的。所以，我们不妨回到伦理学这个词的词源，以返本开新的视角看看一向被人们所领会的固定含义是否存在疑难。对此我们只能极为简要地给出一个提示性分析。古希腊最初的伦理学含义乃是本质的现实化，所谓隐德莱希就是伦理学；作为亚里士多德的德性论研究的就是人的潜在善良本性如何现实化，成为好人。可见，从亚里士多德开始已经对伦理学作了一种路向的探究，当然也仅仅是一种。这样，更加始源性的因而也是更加丰富的伦理学含义就未能得到充分展开与释放，这也是后来海德格尔一直说的，西方哲学两千年就是存在的遗忘史的根本缘由。当然，海德格尔看不起伦理学，认为那只是存在者层面上的。但恰恰是这样的基础存在论立场反倒暗示出他有伦理学的维度，而且也是更加始源性的。那么，马克思关于资本主义人与劳动异化的分析与阐明，以及关于未来社会人的类本质的占有与实现，也即哲学的实现，不正好也是本源性的伦理学吗？所以，不是要问马克思是否成立伦理学，而是要问何谓更加本源的伦理学概念。

简而言之，在马克思、恩格斯的著作里，道德一词主要是一种否定性概念，并往往也是一种否定性使用，但是他们早已寓伦理思想（而且是更加本源的）于对旧社会的分析与批判之中，在十月革命之后的社会主义运动及其在中国的社会主义新发展阶段，我们则又可以合法地说马克思主义伦理学、社会主义道德以及共产主义道德了。

让我们回到列宁对意识形态学说的发展吧。在 1920 年的《青年团的任务》中，列宁提出建设共产主义道德的伟大任务。共产主义者并不是非道德、反道德主义者，共产主义者抛弃的只是那些自封的超道德，即以超人类超阶级之名相标榜而实际上是剥削阶级的道德。"在我们看来，超人类社会的道德是没有的，那是一种欺骗。在我们看来，道德是服从于无产阶级斗争的利益的。"[1] 不仅要建设共产主义道德，还要建立无产阶级的文化。这里，他提出了吸收外来、改造文化的思想。因此，出于斗争的需要就应该翻译并传播无神论思想，用新的立场来掌握黑格尔的辩证法，同时也要注重自然科学。这一切主张都深刻影响了卢卡奇与葛兰西等人，下面我们将以葛兰西为例并简略地加以介绍。

第二国际的经济主义思想为葛兰西意识形态理论提供了思考的基

---

① 《列宁选集》第 4 卷，人民出版社 1995 年版，第 289 页。

础。他敏锐地察觉到意识形态和文化问题在无产阶级夺取政权的政治斗争中有着极为重要的作用。所以，把一切问题都归结为经济，从而导致对政治和意识形态的相对独立性视而不见，在他看来是错误的，也是十分危险的。他认为意识形态是一种世界观，应该在艺术、法律、经济行为和所有个体的及集体的生活中"含蓄地显露"出来。如何含蓄地显露呢？他概括为四个层面：哲学、宗教、常识和民间传说。显然，到这里再一次出现了对意识形态的新理解——如果说列宁是首次开创新解释的话。最重要的是，意识形态到了葛兰西时已经真正地完成了肯定性的意义，尽管作为否定性意义的揭批资产阶级的方面依然完全保留着。无产阶级应该大胆地确立属于自己的意识形态，并大胆地在这样的确立中完成互相塑造。而建设这样的意识形态的主要人员乃是知识分子，他们担负着这样的伟大任务，知识分子本身就是这样的载体。所以，我们的课题就是在研究如何履行好这里提出的任务，高校思政课教师的话语自觉绝不是一种伶牙俐齿，不是一种世故意义上的能言善辩，更不是迫于一种形势上的压力，他的个性与风采恰恰是为了更好地凸显意识形态工作的意义。用今天的话来说就是一心一意地、全心全意地立德树人。通过物质性载体（学校、作为阵地的课堂、宣传媒介）释放非物质性载体即人的功能。

为了在成熟而发达的资产阶级社会做好意识形态，葛兰西创造性地把意识形态工作和市民社会理论联系起来，也就是说不通过国家机器这些政法性质的上层建筑来实现它，而是知识分子作为意识形态工作主体逐渐建立"文化领导权"，在智识与道德评价上占有话语权。我们不妨这样来理解他的政治领导权和文化领导权的关系，它们是双管齐下的关系。必须注意的是，这里说的情况是当时葛兰西所处的西方社会的现实。所以不分青红皂白地认为当今中国也要建设或培育一个作为与国家政权相对立、相对抗的"市民社会"是一种极端错误的观点。他还认为，占有文化领导权是谋求政治领导权的前提。如果再进一步去探究，我们发现，这等于说在西方社会里要想发动社会主义革命，首先要做好思想舆论的充分准备，并不断累积这样的意识，直到最后武装革命。我们姑且不讨论世界政治与文化，即暴力革命与意识形态教育究竟孰先孰后，还是两者相伴而行（这些都在一定程度上构成列宁与葛兰西的差异），我们只要把注意回到中国近现代的实践中，就会发现如下值得思考的情况。五四运动解放了观念构成启蒙，报纸杂志等传播了先进思想，为后来的工农大众登上历史舞台创造条件。而武装斗争打响之后，先进思想讲习所，以及革命领袖在土地革命时期包括在以后的各革命阶段所写就的一系列经典文献，尤其是思想建党、政治建党建军，又与武装革命交相辉映。一方面完成对先进分子自身的理论武装，一方面也教育了一大批底层民众，令其获得新的阶级意识，同时也体现了与旧制度腐朽思想决裂与斗争的品质。与葛兰西主张的不同之处还有一点——准确说这是伟大的创造——在中国革命道路中一开始就把教育大众和群众路线结合起来了，这意味着从知识分子向底层大众的教育变成了从群众中来到群众中去的双向教育，这一点也是与中国国情相结合的创造。

正是由于葛兰西把武器的批判理解成运动战，把批判的武器以及教育大众理解成阵地战，于是阵地战是运动战的前提和先导。顾名思义，阵地战就是革命领袖、马克思主义者、先进知识分子坚守阵地（position），先行地夺取市民社会的领导权，为最后条件成熟时夺取国家领导权准备条件。显然这些宝贵的理论更适合西方资本主义社会。因此他说:"在政治这门艺术和科学中,至少在最发达国家的情况下,'市民社会'已变成一个非常复杂的结构,一个抵挡直接经济要素的灾难性的'入侵'(危机、萧条等)的结构。市民社会的上层建筑像现代战争中的堑壕体系。在战争中有时会发生这样的情形:一场猛烈的炮火攻击似乎已经摧毁了敌人的整个防御系统,而事实上只是破坏了它的外表;在攻击者前进和进攻时,会发现自己面对着一条仍然有效的防御线。"①我们一再提醒这种规划特别适合于西方社会,因为它有着发达而强大的市民社会。但这一点却不能证明葛兰西的过时与无效,如果表里相反地考虑,在中国的建设进程中,长期坚持意识形态的领导权、话语权反倒是其来有自。

四、意识形态领导权与中国道路

正如本章开始所言,意识形态问题的梳理和总结最终要落脚到中国道路上。这是一个总纲。从本课题研究角度来看,意识形态领导权落脚到中国道路则体现在"概论"课程上。对此我们从两个时间段加以勾勒、讨论。首先是延安整风时期;其次是新中国成立后。整风的实质就是针对路线分歧以及党内非马克思列宁主义思想作风进行马列主义的教育,克服教条主义,把马列主义和中国革命的实际相结合。如何相结合?那就是不可以数典忘祖,要立足根本与实际;不能为学习而学习,

---

① A. Gramsci, Selections from Prison Notebook, London: Lawrence & Wishart, 1973, p. 235.

而是要运用经典作家的立场、观点和方法，来具体地研究中国的现状和中国的历史，具体地分析中国革命问题和解决中国革命问题。因此就需要调查研究，杜绝一知半解、想当然地发号施令，另外就要了解自己的历史。毛泽东说："对于自己的历史一点不懂，或懂得甚少，不以为耻，反以为荣。特别重要的是中国共产党的历史和鸦片战争以来的中国近百年史，真正懂得的很少。近百年的经济史，近百年的政治史，近百年的军事史，近百年的文化史，简直还没有人认真动手去研究。有些人对于自己的东西既无知识，于是剩下了希腊和外国故事，也是可怜得很，从外国故纸堆中零星地捡来的。"①

毛泽东要求把革命气概和实际精神结合起来。在这种态度下，就是不要割裂历史。不单是懂得希腊就行了，还要懂得中国；不但要懂得外国革命史，还要懂得中国革命史；不但要懂得中国的今天，还要懂得中国的昨天和前天。在这种态度下，就是要有目的地去研究马克思列宁主义的理论，要使马克思列宁主义的理论和中国革命的实际运动结合起来，是为着解决中国革命的理论问题和策略问题而去从中找立场、找观点、找方法的。这种态度，就是有的放矢的态度。"的"就是中国革命，"矢"就是马克思列宁主义。我们中国共产党人之所以要找这根"矢"，就是为了要射中国革命和东方革命这个"的"的。这种态度，就是实事求是的态度。"实事"就是客观存在着的一切事物，"是"就是客观事物的内部联系，即规律性，"求"就是我们去研究。我们要从国内外、省内外、县内外、区内外的实际情况出发，从其中引出其固有的而不是臆造的规律性，即找出周围事物的内部联系，作为我们行动的

---

① 《改造我们的学习》，《毛泽东选集》第 3 卷，人民出版社 1991 年版，第 798 页。

向导。而要这样做，就须不凭主观想象，不凭一时的热情，不凭死的书本，而凭客观存在的事实，详细地占有材料，在马克思列宁主义一般原理的指导下，从这些材料中引出正确的结论。

我们之所以较为完整地引用这一段，是为了表达这样的两个意思。其一，马列主义是中国革命的指导思想。其二，这里已经明确出现了马克思主义中国化。自然地，关于意识形态的理论也存在一个民族化、具体化、实际化的要求。比如要团结民族资产阶级，因为至少当时所进行的革命还是新民主主义革命，而非社会主义的。当然，关于意识形态的基本认识，尤其是马克思本人对资本主义社会意识形态是批判的还是继承的；民族化具体化实际化的部分，主要是革命进程以及将来进行的社会主义革命和建设。

接下来就要进入一篇非常重要的文献《在延安文艺座谈会上的讲话》了。这里文艺和传统"文人"的身份角色彻底拉开了距离。文艺成了革命的助手，而不是任何"为了文艺而文艺"，文艺不在书斋里——当然也不可能是像西方那样在俱乐部、咖啡厅里从事了，文艺处在"战线"的位置，属于文化军队。"革命工作向前推进，就要使这两者'文艺与革命事业'完全结合起来。我们今天开会，就是要使文艺很好地成为整个革命机器的一个组成部分，作为团结人民、教育人民、打击敌人、消灭敌人的有力的武器，帮助人民同心同德地和敌人作斗争。为了这个目的，有些什么问题应该解决的呢？我以为有这样一些问题，即文艺工作者的立场问题，态度问题；工作对象问题，工作问题和学习问题。……我们是站在无产阶级的和人民大众的立场。对于共产党员来说，也就是要站在党的立场，站在党性和党的政策的立场。在这个问题上，我们的文艺工作者中是否还有认识不正确或者认识不明确的呢？我看是有的。许多同志常常失掉了自己的正确的立场。"① 接着，毛泽东提出"我们的文艺是为什么人的"问题，这是一个根本的问题、原则的问题，而正确的解答是"中华民族的最大部分，就是最广大的人民大众"。在方法论上，"革命的文艺，应当根据实际生活创造出各种各样的人物来，帮助群众推动历史的前进"。这样，文艺工作就应该处在党的统一战线之中，坚持政治标准第一位。

这篇光辉的讲话，内容极为丰富，始终贯彻着马克思主义的精神。这里可以从本课题研究的角度作出这样几点小结。其一，文艺在其艺术的内部有自己的独立性，但是方向上则属于党性、人民性。其二，文艺关乎精神生活与文化建设，既然文艺是社会存在的反映，那么，就要尊重中国社会的实际需要，并以能动且生动的方式反作用于这个实际，启发群众形成阶级意识，整合社会形成合力，使中国革命的道路走得更顺畅。其三，从文以载道的固有观念看，新的文艺观既是否定又是肯定，即完成了对文以载道的扬弃。这既不完全等同于马克思、恩格斯关于意识形态的直接论述，也不同于葛兰西的市民社会与知识分子关系的相关论述，而是将其合理内涵创造性地与中国革命的具体实际相结合。其四，毛泽东本人也具有"知识分子"的文笔水准与鉴赏力。这份近两万字的文献，实际上是毛泽东思考很久、通盘考虑的结果。讲话指向文艺，也指向艺人，要求艺人成为战士，积极参与无产阶级对非无产阶级的思想斗争，依照无产阶级先锋队的面貌改造党，改造世界。

---

① 《在延安文艺座谈会上的讲话》，《毛泽东选集》第 3 卷，人民出版社 1991 年版，第 848 页。

　　新中国成立后经过社会主义改造，1956年社会主义制度确立了，同时诞生的还有"一穷二白"这个词。的确，一穷二白的说法是毛泽东创造的。摆在眼前的问题是，生产关系建立之后如何促进生产力发展。要么是直接进行经济建设，要么是继续意识形态领域的斗争，提高大众的社会主义觉悟之后再来建设经济。我们知道，国内国际形势在当时的背景下依然严峻，这牵引着毛泽东的视线。于是他致力于在意识形态理论里对一切旧思想展开批评（针对封资修），这里也包括文艺界。从20世纪50年代初，通过对《武训传》以及关于《红楼梦》研究引发的文艺作品的批示，致使毛泽东决心对全国进行唯物主义批判教育。尤其是苏共二十大和匈牙利事件，让毛泽东从八大的路线上转回到阶级斗争。《关于正确处理人民内部矛盾》的精神后来逐渐转向反右斗争。60年代的《中国共产党中央委员会通知》（即《五·一六通知》），《关于无产阶级文化大革命的决定》（即《十六条》）中要斗垮走资本主义道路的当权派，改革一切不适应社会主义经济基础的上层建筑。所谓的文化革命也即政治革命的意思。如何分析这个时期提出的意识形态理论，我们完全可以根据中共中央于1981年通过的《关于建国以来党的若干历史问题的决议》来理解。即它"既不符合马克思列宁主义，也不符合中国实际。这些论点对当时我国阶级形势以及党和国家政治状况的估计，是完全错误的"①。这里的不符合主要是指没有充分看到新中国成立以来在意识形态工作方面所取得的成绩，扩大化了阶级矛盾。

　　此后，邓小平把意识形态工作归结为：一方面坚持四项基本原则，

――――――――――

　　①　《中国共产党中央委员会关于建国以来党的若干历史问题的决议》，人民出版社1981年版，第23页。

批判与之违背的错误情况和社会思潮；另一方面是建设社会主义精神文明。1986 年，十二届六中全会通过《中共中央关于社会主义精神文明建设指导方针的决议》，该决议提出精神文明旨在培养"四有"公民。可是在 1989 年社会主义运动在世界范围内遭受到了巨大挫折，意识形态问题迫在眉睫。然而根据社会存在决定社会意识的基本原理，要想破除旧思想与落后观念，绝不是单纯地通过意识形态批评就能完成的，除非同时消灭旧思想与落后观念所依赖的物质基础。所以，坚持以经济建设为中心，既是生产力的需要也是调整上层建筑的需要。"意识形态领域是和平演变斗争的重要领域。资产阶级自由化同四项基本原则的对立和斗争，实质是要不要坚持共产党领导、坚持社会主义道路的政治斗争，但这种政治斗争大量地经常地表现为意识形态领域里的思想理论斗争。……牢牢掌握意识形态各部门的领导权。……在意识形态领域，大量的矛盾属于人民内部的思想认识问题，必须严格区分和正确处理两类不同性质的矛盾。"[①]

在"概论"课中首次提及意识形态的是邓小平理论方面，坚持以马克思列宁主义、毛泽东思想为指导的社会主义意识形态。"三个代表"重要思想的主要内容之一是推进党的建设新的伟大工程。为此应当坚持党对国家大政方针和全局工作的政治领导，坚持党对军队和其他人民民主专政的国家机器的绝对领导，坚持党管干部的原则，坚持党对意识形态领域的领导，坚持共产党领导的多党合作。推进社会主义文化强国建设是构成科学发展观的重要组成部分。到这里，国家的经济建设

---

① 江泽民：《在庆祝中国共产党成立七十周年大会上的讲话》，人民出版社 1991 年版，第 23~24 页。

达到了一定的规模和程度，那么不失时机地进行文化建设和价值观建设就成为一种时代要求。马克思主义指导思想，中国特色社会主义共同理想，以爱国主义为核心的民族精神和以改革创新为核心的时代精神，社会主义荣辱观，构成社会主义核心价值体系的基本内容。

经过长期努力，党对意识形态工作的领导，社会思想舆论环境的混乱状况得到明显改变，中国进入了新时代。党的十八大以来，在理论上最大的成果就是逐步确立了习近平新时代中国特色社会主义思想。就是说坚持社会主义核心价值体系，必须坚持马克思主义，牢固树立共产主义远大理想和中国特色社会主义共同理想，培育和践行社会主义核心价值观，不断增强意识形态领域主导权和话语权，推动中华优秀传统文化创造性转化、创新性发展，继承革命文化，发展社会主义先进文化，不忘本来、吸收外来、面向未来，更好构筑中国精神、中国价值、中国力量，为人民提供精神指引。

新时代中，经济实力与国际地位显著上升，意识形态工作的攸关意义愈加凸显。意识形态关乎旗帜、关乎道路、关乎国家政治安全，决定文化的前进方向和道路。建设中国特色社会主义文化，必须建设具有强大凝聚力、引领力的社会主义意识形态，使全体人民在理想信念、价值理念、道德观念上紧紧团结在一起，巩固马克思主义在意识形态领域的指导地位，牢牢掌握意识形态工作领导权。如何才能掌握意识形态工作领导权？答案在于，首先，旗帜鲜明地坚持马克思主义指导地位。马克思主义是我们立党立国的根本指导思想，是中国共产党人的"真经"。任何时候、任何情况下，坚持以马克思主义为指导不能有丝毫含糊，必须旗帜鲜明、毫不动摇。

其次，在具体的做法上应该深化对马克思主义基本理论的学习和掌握，用马克思主义的科学理论武装头脑，推进马克思主义中国化时代化大众化，实现马克思主义与中国实际相结合，与时俱进地坚持和发展马克思主义，捍卫马克思主义在意识形态领域的指导地位。切不可马克思主义的"真经"没念好，总想着"西天取经"，标新立异；也切不可离开当代中国实际，抽象空洞地谈论马克思主义。

再次，真正地掌握意识形态工作领导权，捍卫马克思主义在意识形态领域的指导地位，还意味着让马克思主义在中国深深扎根，不断地开花结果，形成中国特色哲学社会科学。因为构建中国特色哲学社会科学，是掌握意识形态工作领导权的内在要求，克服马克思主义在哲学社会科学学科中"失语"、教材中"失踪"、论坛上"失声"的倾向；总的要求是按照立足中国、借鉴国外，挖掘历史、把握当代，关怀人类、面向未来的思路，体现继承性、民族性，原创性、时代性，系统性、专业性，努力构建全方位、全领域、全要素的哲学社会科学体系，在学科体系、学术体系、话语体系等方面体现中国特色、中国风格、中国气派。领导权和话语权是密不可分的，只有确立正确的舆论导向，才能逐步形成语言自觉。舆论导向正确是党和人民之福，舆论导向错误是党和人民之祸。好的舆论可以成为发展的"推进器"、民意的"晴雨表"、社会的"黏合剂"、道德的"风向标"；不好的舆论可以成为民众的"迷魂汤"、社会的"分离器"、杀人的"软刀子"、动乱的"催化剂"。掌握意识形态工作领导权，必须坚持正确舆论导向，以正确舆论引导人，提高新闻舆论传播力、引导力、影响力、公信力，让主旋律更加响亮、正能量更加强劲，文化自信得到充分彰显。

最后，掌握意识形态工作领导权，要建设好网络空间。当今社会，无人不网、无处不网、无时不网，网络对人们的生活和工作产生了重大影响。网络空间是亿万民众共同的精神家园，同现实社会一样，既要提倡自由，也要保持秩序。网络空间天朗气清、生态良好，符合人民利益。互联网不是法外之地，要依法加强网络空间治理，尤其要加强网络内容建设，做强网上正面宣传，加强网上舆论引导，把握好网上舆论引导的时、度、效，培育积极健康、向上向善的网络文化，营造一个风清气正的网络空间。同时也要注意区分政治原则问题、思想认识问题、学术观点问题，旗帜鲜明地反对和抵制各种错误观点。

第五章

以"实践""矛盾"为例的话语
自觉之探讨

马克思与西方学术话语存在继承性，但发展与创新是更主要的。马克思主义在实践层面上已经突破单纯的学术与学派意义。以马克思主义为指导的意识形态话语构成思政课的教材体系的本质，思政课的教学话语就应当在充分占有学术话语的基础上，吸纳中国传统话语，客观地看待从西方中心论出发的学术话语来评判中国思政话语，最终实现马克思主义及其中国化话语的自觉。"实践""矛盾"概念的中国化过程生动诠释了这种话语的自觉。

话语是为思想所把握的客观实际的主观表达，事关宏旨，是理论自觉与实践自觉的直接体现。不过，中国的理论工作者占有话语权不是简单地靠"说"，而是靠真正地理解并占有思想，解读中国实践，构建中国理论，吸收世界文明成果来实现的，并最终达到话语自觉。这是理解的任务，也是一项解释学的任务，更是实现话语自觉的需要。那么，思政理论课究竟如何到达理论自觉，占有话语权，实现话语自觉？本章打算以"矛盾"与"实践"两个概念为例，讨论思政课的话语自觉。我们认为，实现思政课的话语自觉必须处理好学术话语、意识形态话语以及教学科研话语转换与创新之间的关系。

一、面对一种来自学术的"拷问"

知名教授邓晓芒先生在 2001 年的《福建论坛》发表了《中国百年西方哲学研究中的八大文化错位》一文，在第六部分"对'辩证法'的降级诠释"里说出了如下一段。中国讲黑格尔和马克思辩证法的人长期都没有搞清，他们通常都将之理解为中国古代《易经》和道家的自然变易之说和"反者道之动"的相反相成思想。在这种朴素的理解中，自然界本身具有"一分为二"的性质，表现出对立双方的既斗争又统一的关系，即所谓"矛盾"。但其实用"矛盾"这种现实事物之间的关系来译德文的 Widerspruch 是很不恰当的，该德文词是指同一句话语（Sprach）中的自相冲突和反对（wider），即同一个东西的自我否定，而不是两个东西的外在冲突。所以辩证法的"矛盾"应是自我否定，即马克思所说的"否定性的辩证法"，它展开为"作为整个过程核心的否定之否定"（恩格斯语）。但上述中文译法却把矛盾原则即"否定之否定"规律等同于"对立统一"规律了，我们一讲矛盾原则就想到"对立统一"，甚至把对立统一与"矛盾同一"看成了同义语，矛盾的真正意思即自否定就完全被掩盖甚至抛弃了。毛泽东《矛盾论》整个讲的都不是 Widerspruch，而是 Gegensatz（两个东西的对立），他甚至认为"差别就是矛盾"，完全取消了黑格尔在《小逻辑》中对差别、对立、矛盾三个层次的区别。①

---

① 邓晓芒：《中国百年西方哲学研究中的八大文化错位》，《福建论坛》（人文社会科学版）2001 年第 5 期，第 10~16 页。

在该文第七部分"对'实践'概念的变形"中邓教授写下这样的一段:"实践"是个外来词,最初在希腊语中,πραξις 意味着实行、使用、练习、做等,与中国古代的"践履""行"相当,都是指对某种既定的知识、道德和原则的施行和遵行。但在德文中,Praxis 除了上述含义外,还有"通过一定的实践活动所获得的经验"之意,Praktik 一词则除了实践、实行的步骤、方法外,还有"感到有些问题的方法""并非总是无可指责和被允许的措施"之意。这种理解赋予了这个词以试探、冒险探索和开拓性的含义。实际上,马克思的"实践"一词就是在这种意义上使用的,它不仅是指实行某种既定的理论和准则,而且是指人的"自由自觉的生命活动",即通过人的本质的对象化来确证自己的本质力量的活动。……但中国的马克思主义哲学理论家一开始就把实践的这种创造性和首创精神忽略了,仅仅将实践纳入中国传统"知行关系"的旧框框中来讨论。如李达在其《社会学大纲》中虽然最早从马克思的《1844 年经济学哲学手稿》得出马克思的哲学是"实践唯物论"的结论,但却从头至尾都只是围绕实践和认识的关系来谈;毛泽东《实践论》的副标题是"论认识和实践的关系——知和行的关系",虽然"知"在这里不再是理学家的"德性之知",而是科学知识,但关系模式还是一样的。这样,实践就被理解为只是一种在既定原则指导下的操作,以及通过操作来检验和修正既定原则的活动;实践的情感方面、自由意志方面和创造力方面都被抽空了,它不再是马克思所说的"感性活动",而是抽象的"纯物质过程"。

鉴于邓晓芒教授在学术界的地位,尤其是译介德国古典哲学的地位,这篇文章影响力巨大,以至于在今天的互联网 QQ 学术群、微信群里,面对一些争执时还经常有人整段整段地贴出,大有"以正视听""激浊扬清"的味道。实际上邓文的意思是，毛泽东的《矛盾论》《实践论》中的"矛盾""实践"概念不符合黑格尔，或者说不符合黑格尔著作中概念使用的原意。这种"错位感"本身就是一种错位，即预设了毛泽东是和他本人一样是位大学哲学系教授！下文会对这种错位给出分析。

在很多大学的院系中经常存在一条隐形的"鄙视链"："西哲人"看不上"中哲人"，"中哲人"看不上"马哲人"，"西哲人""中哲人""马哲人"一起看不上"思政人"。之所以发生这样的"层层吊打"现象，原因很多，但是其中重要的一点是一方凭借着学术话语所谓的"优先性"与"制高点"。比如，"西哲人"知道某个概念在古希腊的语境，希腊语写法，西塞罗如何将其转换为拉丁语的，文艺复兴如何重提而启蒙时代又是如何变化的，最主要的是，在德国古典时代对应的德语词是什么，等等；他们看家本领是知道谁在哪一本书中提出了什么概念。诚然，这作为哲学研究的基本功是必要的，但是恪守这些，在客观上就弄成了以垄断话语解释权为特征的"话语霸权"的游戏。

对此我们不禁要问，真的存在一种自在的西方学术话语吗？如果存在，谁是西方学术话语的代表？这样的质疑与拷问是不是西方中心论的老调重弹？其实，就以西方哲学为例的话，伊壁鸠鲁的哲学与亚里士多德的哲学差异又何其巨大！由此，即便在纯学术界里面，也早有有识之士对此提出过一针见血的批评，"西学伟人们的时代行将结束。更深入的西学译介工作当然不会停止，但西学为中国思想界提供导师的情景将一去不复返了"[①]。尽管如此，批评归批评，现象依然存在，所以我们

---

① 丁耘：《启蒙主体性与三十年思想史——以李泽厚为中心》，《读书》2008 年第 11 期，第 17~26 页。

有必要就此再费些笔墨，以话语自觉的视角进行分析，对这样的质疑与拷问方式加以绳墨。我们就以"矛盾"与"实践"为例，先从教材体系话语谈起。

二、教材体系话语中"矛盾"与"实践"

马克思主义理论研究和建设工程重点教材的《马克思主义基本原理概论》（2015 年修订版）的第一章"世界的物质性及发展规律"的第二节"事物的普遍联系与永恒发展"，这是我们思政教材正式出现"矛盾"概念之处。教材指出，唯物辩证法的实质与核心是对立统一规律，而矛盾则是反映事物内部和事物之间的对立统一关系的哲学范畴。对立和统一分别体现了矛盾的两种基本属性。[①] 而且，矛盾的共性和个性、绝对和相对的道理，是关于事物矛盾问题的精髓。据此，马克思主义是普遍真理，属于矛盾的普遍性一方；各国具体实际则属于矛盾的特殊性一方，两者的结合就是中国共产党人始终不渝的坚持。试问，这里存在与"同一个东西的自我否定，而不是两个东西的外在冲突"相违背的东西吗？这里又在何种意义上构成"降级诠释"？

教材关于实践的概念，正式提出是在第二章"认识的本质及发展规律"的第一节"认识与实践"中。在"科学的实践观"部分，教材首先就承认了"马克思、恩格斯以前的中外哲学都早已使用过实践的概念"，而且稍后还特别强调了"马克思主义哲学吸取了哲学史上关于

---

① 《马克思主义基本原理概论》，高等教育出版社 2015 年版，第 40 页。

实践概念的合理因素"。鉴于此，教材（2018 版）才说"实践是人类能动地改造世界的感性物质活动"。马克思在《关于费尔巴哈的提纲》中说："全部社会生活在本质上是实践的。凡是把理论引向神秘主义的神秘东西，都能在人的实践中以及对这个实践的理解中得到合理的解决。"人的活动本身应被"理解为对象性的［gegenständliche］活动"①。注意这里教材本身也强调马克思主义哲学对实践概念的吸取。我们知道，从亚里士多德那里，实践作为旨趣向善的人的活动，是以自身为目的的，它包含了人的生命活动自身的无条件性，与"生产"等制作活动的概念构成显著区别。"如果在我们活动的目的中有的是因其自身之故而被当作目的的，我们以别的事物为目的都是为了它，如果我们并非选择所有的事物都为着某一别的事物，那么显然就存在着善或最高善。"② 学者不断对亚氏的实践概念进行把握和梳理，比如，"由于实践总是具体的、历史的，因而实践目的是多样的，善自身也是多变的。实践的研究旨在探讨如何在现实的社会历史条件下取得个人最高的善和幸福。亚里士多德认为伦理和政治科学不应该以理论为目的，而是针对实践的，亦即使个人成为善良的人，使行为合乎理性，中和适度，无过不及。因此实践哲学始终不能脱离实践本身固有的历史之维"③。这里就提出了实践的"固有的历史之维"。所以，用固定的模式来裁定，就会出现武断，而得出的"概念的变形"之结论本身就可疑了。马克思主义的实践概念的内容大大"溢出"了亚里士多德，它在类型方面包括

① 《马克思恩格斯选集》第 1 卷，人民出版社 2012 年版，第 135 页。
② 亚里士多德：《尼各马可伦理学》，廖申白译，商务印书馆 2003 年版，第 5 页。
③ 吴学国：《"烦"的释义学与早期海德格尔的实践理论》，《南京社会科学》1999 年第 8 期，第 9~14 页。

物质生产实践、社会政治实践和科学文化实践，而不是继续把哲学活动或沉思看成是优先的实践活动。说到底这里的区别还是在于"解释世界"与"改变世界"的不同，新世界观下，作为城邦个体的沉思与哲学活动必然让位于通过生产力进步推动生产关系的变革，来达到"类"本质的人的全体解放。

我们并非说教材话语已经百分百地等同于马克思主义意识形态话语本身，因为还有诸多中国改革的实际发展成果有待于提炼和总结，有待于形成中国化的新话语。不过，就"矛盾"与"实践"概念而言，教材的呈现依然是清楚的，既有学术的梳理，又给出了马克思主义关于这对概念的演进过程。

三、错位的质问的原因分析

一般而言，辨章学术，考镜源流是做学问的态度。我们前文已经表明，就"矛盾""实践"的概念而言，确实可以追根溯源，考证出概念的首次使用及其语境、基本含义及其变化。这是一项扎实而辛苦的工作，也极大地推动着思想和学术的进展。但是问题在于，某位哲学家的概念，就等于哲学概念本身吗？学习哲学，思考世界、改造世界就要遵循某位哲学家的概念吗？如此一来，这样的概念就是一种原教旨主义的概念，而以此为准据、为标准答案来判定其他，其所依据的历史主义真理观本身就违反了真理。

我们承认在一定维度上，把概念还原到历史、语境与思想家本人是必要的，因为这样可以纠正误读，可以廓清混乱。但是，概念是发展的，而且应当是发展的。黑格尔本人也说，"矛盾是推动整个世界的原则"①，这里可继续解释的空间非常大，甚至可以说是无限的。换句话说，话语是可以创新的，而且也应当根据新的实际与发展来加以创新。实际上，中国的西方哲学研究是中国哲学本身的一部分，而不属于别的。中西相遇必然带来理解的过程，而这个过程在历史上必将展开为中国自身哲学话语的逐步构建。丁耘教授指出，"按照中西文化交通史的内在节奏，西方哲学的中国化乃至整个西学中国化可以划分为三个历史阶段：明清之际……在第一阶段，中西方哲学之间的'交互格义'以互为镜像为结果；第二阶段则是在理解与解释的前提下系统绍介、研究西方哲学，以西方哲学为准绳重新区分、整理、解释中国的传统学术思想，建构学院化的现代中国哲学系统；第三阶段则是走出反向格义阶段，通过对传统中国哲学的重新诠释，构建当代中国哲学"②。而且最重要的是，毛泽东的《实践论》《矛盾论》也不是单纯的哲学著作，虽然其也闪耀着哲学的光辉。它们是毛泽东为了解决中国革命实际问题——"揭露党内的教条主义和经验主义"与"反对党内的严重的教条主义思想"③ ——运用马列主义进行的写作。在指导一个落后的东方大国，通过武装革命而建立现代国家的层面上，"矛盾""实践"的话语也高于理论思辨的话语，具有更高的真理性。

就矛盾这一概念而言，有学者对包含《矛盾论》在内的毛泽东全部关于矛盾的思想进行非常具有参考意义的总结。"笔者把毛泽东在各

① 黑格尔：《小逻辑》，贺麟译，商务印书馆 1980 年版，第 253 页。
② 丁耘：《论西方哲学中国化的三个阶段》，《天津社会科学》2017 年第 5 期，第 14~25、32 页。
③ 杨信礼：《重读〈实践论〉〈矛盾论〉》，人民出版社 2014 年版，第 18 页注释。

种不同场合广泛使用的矛盾概念归纳为三种基本含义：（1）作为思想方法的一物内在的两重性，其对立面是主体与主体的关系；（2）作为本体结构的不同事物之间的动态相关，其对立面是客体与客体的关系；（3）作为实践逻辑的对象化的活动原则，其对立面是主体与客体的关系。这三种矛盾概念在毛泽东那里各有区别而又相互联系，从而构成独特的毛泽东哲学体系，成为他的全部理论—实践活动深层结构。"① 由此可见，毛泽东关于矛盾的思想非但不是"降级诠释"，反倒是一种"双重超越"——超越了西方话语，也超越了单纯的哲学话语。这是最典型的话语创新。所以，2016 年 5 月 17 日，习近平总书记在哲学社会科学工作座谈会上的讲话中作出重大判断，"毛泽东同志就是一位伟大的哲学家、思想家、社会科学家，他撰写的《矛盾论》《实践论》等哲学名篇至今仍具有重要指导意义，他的许多调查研究名篇对我国社会作出了鞭辟入里的分析，是社会科学的经典之作"②。总之，列宁、毛泽东、邓小平等马克思主义经典作家在吸收与鉴别的基础上提出的新概念，本身就是在推动人类思想的进步与解放，应该在话语创新的高度上进行把握和理解，而这也直接要求我们的思政课在话语体系要做到清醒，即以自觉的意识和态度去对待话语的自觉。

---

① 萧诗美：《毛泽东的三种矛盾概念》，《武汉大学学报》（社会科学版）1990 年第 4 期，第 36~43 页。

② 习近平：《在哲学社会科学工作座谈会上的讲话》，《人民日报》2016 年 5 月 19 日第 2 版。

四、思政课中的话语自觉

"高校思想政治理论课（简称思政课）是意识形态工作的重要组成部分，是巩固马克思主义在高校意识形态领域指导地位、体现中国特色社会主义大学办学方向的重要阵地，是对大学生进行系统的马克思主义理论教育和社会主义核心价值观教育，帮助大学生树立正确的世界观、价值观和人生观的核心课程"①，关系到"为谁培养人""培养什么人"和"如何培养人"等一系列重大问题。作为理论自觉的重要支撑，逻辑上就需要话语自觉；而话语自觉又直接要求牢牢把握话语权。社会学家郑杭生曾非常感慨地说："理论自觉使我们认识到，中国社会学界担负着理论创新的责任，我们有可能是创造者，而不仅仅是外国理论的贩卖者或掮客。"② 出于这个理由，我们才能更加准确而深刻地领会习近平总书记在哲学社会科学工作座谈会上的讲话上反复强调的"话语权"的重大意义。"我国是哲学社会科学大国，研究队伍、论文数量、政府投入等在世界上都是排在前面的，但目前在学术命题、学术思想、学术观点、学术标准、学术话语上的能力和水平同我国综合国力和国际地位还不太相称。要按照立足中国、借鉴国外，挖掘历史、把握当代，关怀人类、面向未来的思路，着力构建中国特色哲学社会科学，在指导思想、学科体系、学术体系、话语体系等方面充分体现中国特色、中国风

---

① 王永斌：《高校思想政治理论课教师的理论自觉》，《教学研究》2015 年第 6 期，第 21~24 页。

② 李潇潇：《理论自觉与中国的学术话语权》，《中国社会科学报》2010 年 9 月 9 日第 5 版。

格、中国气派。"① 因此，发挥我国哲学社会科学作用，就必须要注意加强话语体系建设。思政课话语当然地属于哲学社会科学话语，加强哲学社会科学话语体系的要求也理所当然地适用于加强思政课话语体系的要求，所以谋求发言权、话语权是包括思政课在内的哲学社会科学的共同任务。

回到本书的主旨，思政人究竟如何建立自己的话语自觉，即在学术、教材、马克思主义经典作家三个维度上，如何进行话语接受、理解、运用和创新，也即完成一种话语的自觉呢？我们认为从以下几个方面入手。

首先，学术性依然是一个内在的要求，是占有话语权的前提之一。虽然我们上文较为细致地分析了从单纯的学术角度来拷问中国话语不具有合理性，但是认真研读原著、原文（包含经典的翻译）依然是必要而重要的。这是学养的基本训练。我们看到思政人今天这一项任务远远没有完成，辨章学术、考镜源流的功夫还非常不到位。当然，这种学习本身依然内含着一种自觉，即立足中国、取道西方。诚如习近平总书记指出的，"对国外的理论、概念、话语、方法，要有分析、有鉴别，适用的就拿来用，不适用的就不要生搬硬套。哲学社会科学要有批判精神，这是马克思主义最可贵的精神品质"②。从一定意义上说，思政人的学术要求不但没有降低，反倒比"西哲人""马哲人""中哲人"的要求更高。因为唯有如此思政人的视角才能更加通透，才能摆脱在实际

---

① 习近平：《在哲学社会科学工作座谈会上的讲话》，《人民日报》2016年5月19日第2版。

② 习近平：《在哲学社会科学工作座谈会上的讲话》，《人民日报》2016年5月19日第2版。

工作中被质问、怀疑的被动局面。

　　说到学术的占有和学术品格的呈现还必须指出一种倾向，也就是本文绪论部分揭示的现象，即以所谓"纯学术"的态度对待思政课。这种思路和做法在一定意义上还颇具诱惑力，因为它们似乎占据了更多的理据。这种以所谓"纯学术"自居的心理就是造成邓文以黑格尔来评判毛泽东《矛盾论》《实践论》的根本原因。不但如此，过重比例的学术语言也不利于广大学生学习和理解。部分教师，尤其是重点高校哲学系博士出身的思政课教师，其自身有一种内在的负荷，即片面地以为讲得深刻，频繁穿插学术前沿和动态才叫大学的课程。殊不知，这种大量的专业语汇在很短的时间内就会造成理解的隔膜。

　　其次，要处理好哲学话语和马克思主义话语的关系。无论把哲学界定为"爱智慧"，还是界定为"时代精神的精华"，抑或"对自然、人生、宇宙根本问题的根本追问"，都表明了哲学人的一种立场和态度、看法，更表明了哲学本身不是狭隘的，而是开放的、发展的、多元的。马克思是哲学家，但又不是传统意义上的哲学家，更重要的是马克思完成了哲学的改造和革命，建立了新的世界观；马克思主义与一般意义上的哲学的关系既有继承性，但更主要的是改造与创新。诚如有学者指出的那样："马克思主义哲学的创立使哲学的理论主题从'世界何以可能'转向'人类解放何以可能'，使哲学的聚焦点从宇宙本体转向人的生存本体，从解释世界转向改变世界。"[1] 这个观点是对"哲学家们只

---

① 杨耕：《重新理解哲学的显著特点和马克思主义哲学的本质特征》，《学术研究》
　　2015 年第 1 期，第 1~11 页。

是用不同的方式解释世界,而问题在于改变世界"① 这一论断的极好解释。毛泽东早就批评过"言必称希腊"的教条态度,那种认为哲学的"正宗"话语在希腊或是什么别的人物、时代的观点是错误的。其实学者已经看到,"马克思主义比马克思重要,而且马克思主义当前主要不存在于马克思的著作里,而是存在于现实特别是中国的现实之中"②。

马克思与西方传统学术话语的关系,说到底就是要认识马克思本人的思想继承性和批判性。毫无疑问,出生于德国莱茵省特里尔市的马克思是西方人,早年接触到的材料绝大多数是欧洲的资源。但是,马克思主义关于自然、社会和思维的深刻分析远远超出了德国与欧洲的地理限制而带有普遍性。至于关于社会形态以及对资本主义社会的分析批判,包括对整个现代性筹划不足的思考,使得马克思的思想完全具备包含人类社会发展和世界历史进程的品格。

最后,要处理好教材话语与教学话语的关系。教材话语也就是意识形态话语,教材话语与教学话语的关系理解、认同与表达、传播的关系,两者的统一恰恰需要话语的自觉。有论者指出:"这就需要思想政治理论课教师具备高超的话语转换能力和信息整合能力,要在意识形态话语向学术话语的转换上下功夫,在教材话语向教学话语的转换上下功夫,在理论话语向实践话语的转换上下功夫,在整合话语资源上下功夫。"③ 这里提到的三种"转换"的功夫,无疑就是话语体系的自觉。

---

① 《马克思恩格斯文集》第 1 卷,人民出版社 2009 年版,第 499 页。
② 丁耘:《如何在新的学术场域中理解与发展马克思主义》,《毛泽东邓小平理论研究》2015 年第 3 期,第 74~76、93 页。
③ 王永斌:《高校思想政治理论课教师的理论自觉》,《教学研究》2015 年第 6 期,第 21~24 页。

意识形态、学术、教材、教学几种话语间游刃有余地转换与综合，直接要求着思政人的话语自觉。

如果稍微展开一下，我们就会发现当前在话语转化方面存在的一个显著问题就是机械性和任意性并存。所谓机械性就是指少有话语转化意识，甚至不进行任何转化，直接以文件、报告、教材语言作为教学语言。从学生学习的角度看，这种方式给人的直接感受就是：以大话压人。清晰地意识到教学语言与宣传体和报告体的差别才能准确而生动地传达思政声音。如果说这种以报告体、文件体直接作为教学语言是一种机械主义错误，那么，过分停留于语重心长的散文化、感悟式教学语言同样是一种话语的不自觉，因而犯了主观任性的错误。这种倾向抽象地从大学生、育人出发，认为只要是娓娓道来，显示出亲和性，学生喜闻乐见就是思政课的成功。诚然，这样确实展现出教师的一种优雅和亲切，甚至还凸显出某种教师自身的才气，从而易于拉近师生距离，但是思政课自身的内在要求是无法全部转化成诗意、散文或一串串的感悟的。我们看到在"基础课"中——当然主要还是在思想道德修养与法律基础的前半部分——可以适当呈现出人生哲学和人生感悟，而在法律基础的后半部分这种方式就有限度了，更不用说在其他"概论"课、"纲要"课、"原理"课与"形势与政策"课了。

还有一个不得不注意的地方是，教材本身也是一个体系。我们高校本科的思政课教材是一个系列，四门课程之间有着内在逻辑。比如，"原理"课顾名思义重在原理，涉及概念较多，其话语带有极其鲜明的理论性，在大众化解说时举例子就需要一定程度的斟酌，不能以辞害意，不能庸俗化。而"概论"课既体现一种原理的运用，又体现原理的生动实践与伟大创新，因而话语转换与话语创新，即话语自觉的要求也最高。就以"矛盾""实践"概念来说，把握马克思主义基本原理与毛泽东思想的继承性与创新性就是重点。所谓在"不丢老祖宗"的前提下，既要讲"行话"，又要讲新话和"家常话"，就是这个意思。

最后，思政课的话语自觉不仅包括在社会主义核心价值观引领下理解中国正在发生的实际，还包括向世界介绍中国的经验，在文化自信的基础上展开国际对话。我们看到，在一个时期内，影响全球意识形态方向与动态的西方意识形态也逐步陷入分裂和混乱，对中国的意识形态压力有所缓和。与此同时，西方长期奉行的孤立、打压、矮化、丑化中国意识形态种种做法也不再如从前那样有效。改革开放40多年来，中国正在走近世界舞台的中央。"我们在许多重大全球问题上发出中国声音，提供中国方案，受到了全世界的普遍关注。中国的主流意识形态具有越来越大的感召力和吸引力，国际上出现了越来越多理解、同情、肯定、赞赏中国的声音。"[1] 鉴于此，习近平总书记强调指出，"发挥我国哲学社会科学作用，要注意加强话语体系建设。在解读中国实践、构建中国理论上，我们应该最有发言权，但实际上我国哲学社会科学在国际上的声音还比较小，还处于有理说不出、说了传不开的境地"[2]。破解这种"境地"的尴尬，直接需要加强话语体系建设与自觉，解读中国实践、构建中国理论。

---

[1] 吴新文：《中国特色社会主义理论体系引领网络思潮》，《中国社会科学报》2017年9月26日第8版。

[2] 习近平：《在哲学社会科学工作座谈会上的讲话》，《人民日报》2016年5月19日第2版。

第六章

从重建政治的伦理生活看群众路线教育实践活动

形式主义、官僚主义、享乐主义和奢靡之风在根本上摧毁了政治中伦理维度所追求的生活与秩序，同时也败坏了党员的德性义务。因而在唯物史观的意义上重申群众路线思想，加强党的群众路线教育，解决反映强烈的突出问题，就不仅仅是一项针对性举措，也是巩固执政党基础与强化执政地位的必然要求，反映了政治团结与凝聚人心的迫切要求，更反映了执政理念和执政能力的自觉与成熟，归根结底是让政治伦理发挥校准，在具体党员身上体现出德性的精神。

2012年11月，党的十八大报告明确指出，要围绕保持党的先进性和纯洁性，在全党深入开展以为民务实清廉为主要内容的党的群众路线教育实践活动，着力解决人民群众反映强烈的突出问题，提高做好新形势下群众工作的能力。11月15日，习近平总书记在中外记者见面会上表示："我们的人民热爱生活，期盼有更好的教育、更稳定的工作、更满意的收入、更可靠的社会保障、更高水平的医疗卫生服务、更舒适的居住条件、更优美的环境，期盼着孩子们能成长得更好、工作得更好、

生活得更好。人民对美好生活的向往，就是我们的奋斗目标。"① 2013
年 6 月 18 日，习近平总书记在党的群众路线教育实践活动工作会议上
发表重要讲话，从战略和全局的高度深刻阐述了开展党的群众路线教育
实践活动的重大意义。因而重申群众路线，加强党的群众路线的教育就
不仅仅是一项针对性举措，更是在唯物史观意义上中国共产党人在执政
理念和能力层面上的自觉与成熟。

一、政治伦理生活与价值追求的重建

政治有其伦理之维，政治通过一整套理论体系与实际操作来引导、
控制、调整人的行动，令其达到其原初设想的目的与理想。伦理之维为
政治活动提供价值基础与保证，诚如《管子·牧民》所言的"国有四
维"。现代社会中，政治理念通过执政党的活动来组织和开展，经由治
国方略（治国的技艺）确定实现政治蓝图的道路、方式和步骤。在伦
理学的视野下，政治是最高的善，其他一切活动目的都从属于政治
学。② 根据亚里士多德所言，这种最高的善就是幸福，或者说是生活得
好、做得好。党的十九大报告指出：中国共产党人的初心和使命，就是
为中国人民谋幸福，为中华民族谋复兴。正如习近平总书记所指出的，
"人民对美好生活的向往，就是我们的奋斗目标"。当然这个意思绝不
可以轻易地理解成单纯地过好日子，也就是说"美好生活的向往"有

---

① 习近平：《2012 在中外记者见面会上的讲话》，新华网，http：//news. xinhuanet.
com/18cpcnc/2012-11/15/c_ 123957816. htm。
② 亚里士多德：《尼各马可伦理学》，廖申白译，商务印书馆 2003 年版，1094b.

其特殊的历史语境和基本的现实语境。这个历史语境就是从积贫积弱沦为列强瓜分的东方大国站起来，重新取得独立，建设现代化国家，进行社会主义道路的艰苦探索，超越资本主义的生产方式，实现民族的伟大复兴。而基本的现实语境就是在社会主义现代化建设中，遭遇了全球化的浪潮及其伴生的各种挑战，其中最大的挑战还是来自执政党自身的风险，即先进性与纯洁性在改革开放与全球化中的巨大考验。

唯物史观为中国共产党的政治论题提供了根本视野。政党，尤其是执政党，总是在政治与政策活动中恪守其最基本的价值理念。马克思主义在历史哲学领域坚持了人民群众的历史主体地位的立场。如果把历史比作滚滚向前的火车，那么这个火车的动力系统正是人民群众的创造活动。其理由在于人民群众才是社会物质和精神财富的创造者，才是社会变革的决定力量。毛泽东说过，"人民，只有人民，才是创造世界历史的动力"①。那么，顺势而来的就是，坚持群众观点以及走群众路线。社会主义国家的执政党必须也应该充分调动和发挥人民群众的积极性和创造性。因此，从这个角度说，群众路线教育实践活动乃是群众观点和群众路线思想的再提醒和再加强。习近平总书记在党的十九大报告中鲜明提出"全面净化党内政治生态"这个重大课题，全面净化党内政治生态也就是要加强和规范党内政治生活，严肃党的政治纪律和政治规矩。

基于上述的关系和缘由，我们可以说一个脱离人民群众的马克思主义工人阶级的政党对于其宗旨、路线是何等的偏离，对于其执政之基石又是何等的危害。然而，一个时期以来，党在群众路线之根本工作方法

---

① 《毛泽东选集》第3卷，人民出版社1991年版，第1031页。

上确实出现了问题，广大群众反映强烈而突出。这主要表现在不良的作风方面。首先是形式主义盛行。以会议贯彻会议，以文件落实文件，工作不扎实且漂浮的作风比较流行。其次是官僚主义严重。讲究等级和位次，以听取汇报代替一线调查，好大喜功，罔顾群众呼声，在一定程度上表现十分突出。再次是享乐主义抬头。忘记曾经取信于民的艰苦奋斗的优良作风，开拓进取的精神面貌被抛诸脑后；为自己为家人亲人谋取私利太多，鲜有精力关心民众。最后是奢靡之风泛滥。摆阔气讲排场，公款消费追求豪华，婚丧嫁娶大操大办；铺张浪费，甚至生活腐化堕落，荣辱观颠倒。这些极为有害的作风与执政党的宗旨和原初承诺构成尖锐对立，与为民务实清廉的优良作风明显不符，与社会主义核心价值所倡导的精神价值格格不入，也彻底背离了立党所追求的伦理生活。伦理学（Ethics）在词源上出自 ethos，本意就是"风气，风俗，习惯"。形式主义、官僚主义、享乐主义和奢靡之风所凸显的"风"，绝非正风正气，而是歪风邪气。黑格尔曾经说过："国家直接存在于风俗习惯中，而间接存在于单个人的自我意识和他的知识和活动中。"①

说到价值追求，我们正视一下当前的严峻形势。经过 40 多年的改革开放，中国社会已经成为一个不断变化、高度多元、错综复杂的开放社会，不同社会阶层和人群的分化愈加明显。在当代中国，大众也远远不是铁板一块，大众表现为"小众""分众"和"多众"，与市场经济相伴随的原子式个人主义带来了"各顾各"现象的常态化倾向。在不同地域、民族、阶层、人群之间，在不同的经济发展状况和财富占有状况之间，在不同的亚文化圈和信仰之间，社会大众已急剧多元、明显分

---

① 黑格尔：《法哲学原理》，范杨、张企泰译，商务印书馆 1961 年版，第 253 页。

化。诚如学者所言，"增强党对社会大众进行教育、组织和引导的意志与能力，防止以'社会自治''保证多元'为名，放弃自身的领导责任。其中一个关键工作是进一步凝练、培育并践行社会主义核心价值观，透过市场经济社会利益价值观的偏执和大众纷繁复杂的价值观表象，把握大众价值观的'公意'，而非仅停留于'众意'，建构全社会的价值观共识，用简洁明了、更先进、更具融贯性的核心价值观引导大众，使其入脑、入心、入行"①。

二、党员德性义务的回归

共产党无论在革命年代还是在建设与改革时期，向来都是把先进与纯洁作为自己根本属性与基本要求来设定的。与此相应，每一名党员都有其内在的义务和品德要求。刘少奇在《论共产党员的修养》中指出，我们是革命的唯物主义者，我们的修养不能脱离人民群众的革命实践。简言之，保持与人民群众的血肉联系，既是党员的美德同时又是党员应当履行的义务。康德曾经论述过德性义务，他认为，如果从目的出发，建立行动的准则，根据这样的准则再行动，那么这依然是经验的伦理学，由此而来的准则也必然是假言命令，而非定言式的了。反之，从绝对应当的义务出发确立起来的目的，由此建立准则来行动也必将符合"同时是义务的目的"了。这样的义务，就叫作德性义务。因为目的和

---

① 吴新文：《坚持社会价值导向的"大众方向"面临新挑战》，《探索与争鸣》2016 年第 9 期，第 51~53 页。

先天形式是统一的，因而德性义务是实践理性自己的义务。① 毫无疑问，"四风"之一的"奢靡"，因其直接违反了德性义务就处在党员德性要求的对立面。马克思主义政党和党员义务的理论毫无疑问是奠基于马克思主义哲学——辩证唯物主义和历史唯物主义，而不是康德式的形而上学的观念论，但是就目的设定为德性的规定性而言，则是可以借鉴的。其次，马克思还从具体的人与现实世界的关系中把握人的义务。马克思对于人的义务曾经直接这样规定："作为确定的人，现实的人，你就有规定，就有使命，就有任务，至于你是否意识到这一点，那都是无所谓的。这个任务是由于你的需要及其与现存世界的联系而产生的。"②

事实与价值的分裂这里因为历史和现实与人的整体观念性，因而就在其任务和使命中被弥合起来。因为，如果要实现人民对美好生活的向往这一个目标，乃至追求更为远大的理想——共产主义，就必然要求实践者具备相应的品质，使得其能够卓越地完成这种工作。在这个意义上，这个道德上的应当又因为好生活的目标和远大理想而成为一种应然的品质，即值得提倡和赞赏的美德。

如上所述，个人的义务可以从个人的需要与客观世界的联系中加以把握；同时，这种义务还并不是外在一种强加，它还有着情感的支持。如果把国家的事业理解成一种伦理性实体的话，那么不妨借用一下黑格尔的思想来阐明个体与国家的情感关联。黑格尔把希腊词 παθος（Pathos）所表达的"活跃在人心中、使人的心情在最深刻处受到感动的普

---

① 康德：《康德著作全集》第 6 卷·道德形而上学，张荣、李秋零译，中国人民大学出版社 2007 年版，第 425 页。

② 《马克思恩格斯全集》第 3 卷，人民出版社 1960 年版，第 329 页。

遍力量"理解为情致,"情致是艺术的真正中心和适当领域,对于作品和观众来说,情致的表现都是效果的主要来源。情致所打动的是一根在每个人的心里都回响的弦子,每一个人都知道一种真正的情致所含的意蕴的价值和理性,而且容易把它认识出来。情致能感动人,因为它自在自为的是人类生存中的强大的力量"①。新中国是共产党一手缔造的,因而作为个体的党员在对待作为伦理性实体的国家与国家事业上就不仅有义务,同时还具有崇敬的情怀。两者结合,我们可以简单称之为义务感,显然,这个义务感是消极与积极、被动与主动的统一。体现在个体身上的义务感在党员身上,则更为强烈和显著了。

实际上,作为有生命的存在者,人在禀赋上具备了动物的能动性;作为有限的理性存在者(他可能会堕落、腐败),人在禀赋上具备了人的性格;作为能够对自己的行动负责的存在者,人才初步获得了人格性,德性的力量才会呈现。此时他才能理解自己身上所应承担的责任和义务。在此基础上,党员是一种特殊的价值追求者,他才秉有自己的党性。这个价值追求的首要内容是从群众中来,到群众中去,在展望那个最高最远大理想的同时尽最大可能为人民谋幸福。这既是一种内在需要,也意味着党内部以及党员与群众之间的团结与信任的需要。当然道德的德性不直接就等同于党性,"党性包括阶级性、人民性、现代性和道德性等。党性既是政治素养,也是道德修养。党性的道德之维包括党的成员道德和组织伦理。共产党及其成员具有博大的伦理情怀。党性要求的道德体现马克思主义的道德观。在共产党的建设中,党员的德性培育就是树立马克思主义的世界观,实践无产阶级的道德观,追求党的现

---

① 黑格尔:《美学》第1卷,朱光潜译,北京商务印书馆1979年版,第296页。

代性，培育党员的政治理性，是政治学习与实际锻炼的并举"①。可见，党员的美德、党性以及党员的德性义务是三个既相互区别又彼此联系的概念，但无论如何党员德性既然是一种义务，那就是一种可实践的"应然"，对一种"绝对命令"的积极回应。

三、社会的团结与凝聚

社会主义的国家既是一种政治的共同体，无疑也是一种伦理性的共同体。就共同体的伦理属性而言，讲究的是成员之间以及成员与组织之间的互相依存与彼此关照，对既有的传统价值予以接受与分享，反对孤立和游离。就共同体的政治属性而言，毋庸讳言，它有其自身的国体、政体、宪法与诸种基本制度及安排，讲究的是现代国家意义上的国家统一，统一价值与信念的巩固，对一致性的捍卫，对分裂主义的斗争。实际上，政治与伦理的身份往往又是交融的。党的十八大对社会主义核心价值观旗帜鲜明地概括为：在国家层面倡导富强、民主、文明、和谐，在社会层面倡导自由、平等、公正、法治，在个体层面倡导爱国、敬业、诚信、友善。显然这是一种时代精神的塑造与指引，通过三个层面的倡导，把各民族各团体各党派乃至每个个体的心神以时代精神和价值追求的方式凝聚起来，构筑社会团结的力量。更加显而易见的是，群众路线教育实践以及该教育所反对的"四风"，在解决实际存在的突出问

① 仲兵、刘学坤：《党性的道德之维与党员的德性培育》，《中共中央党校学报》2013年第2期，第50~53页。

题的同时，更是旨在营造社会团结的氛围。因为唯有群众观点和群众路线才能有效防止思想和作风的涣散，才能有效防止民心的背离。脱离群众就是一种异化，令自身由执政为民的形象直接转变为人民侧目不满的形象。为民服务的执政宗旨，团结和带领全国各民族实现伟大复兴的历史使命，在如此的"四风"中被疏远、被败坏。

人民群众的不满情绪之所以破坏社会团结，我们还可以从黑格尔的论述中发现端倪，"认定国家权力和财富都与自己同一的意识，乃是高贵的意识"，"认定国家权力和财富这两种本质性都与自己不同一的那种意识，是卑贱意识"。这就是说，高贵意识是个体与国家权力和财富两种伦理存在同一的意识关系，卑贱意识则是个体与国家权力和财富两种伦理存在不同一的意识关系。由此，相应产生两种善与恶意识形态。"判定或认出同一性来的那种意识关系就是善，认出不同一性来的那种意识关系就是恶；而且这两种方式的意识关系从此以后就可以被视为两种不同的意识形态。"① "四风"的盛行与蔓延的的确确令广大群众感觉自己在国家权力和财富中的地位中被边缘化。

群众路线教育实践活动毫无疑问是一种自我净化、自我完善、自我革新、自我提高，"照镜子、正衣冠、洗洗澡、治治病"是其总要求。习近平总书记指出，照镜子，主要是以党章为镜，对照党的纪律、群众期盼、先进典型，对照改进作风要求，在宗旨意识、工作作风、廉洁自律上摆问题、找差距、明方向。正衣冠，主要是按照为民务实清廉的要求，勇于正视缺点和不足，严明党的纪律特别是政治纪律，敢于触及思想、正视矛盾和问题，从自己做起，从现在改起，端正行为，自觉把党

---

① 黑格尔:《精神现象学》下卷，贺麟译，商务印书馆1996年版，第51页。

性修养正一正、把党员义务理一理、把党纪国法紧一紧，保持共产党人良好形象。洗洗澡，主要是以整风的精神开展批评和自我批评，深入分析发生问题的原因，清洗思想和行为上的灰尘，保持共产党人政治本色。治治病，主要是坚持惩前毖后、治病救人方针，区别情况、对症下药，对作风方面存在问题的党员、干部进行教育提醒，对问题严重的进行查处，对不正之风和突出问题进行专项治理。[1]

值得再次强调的是，群众路线教育实践活动绝非一种权宜之计，虽然有针对性的意图，但意义绝非仅限于此。这些具体措施背后，还有更加值得深思的东西。也就是说，除了解决目前现实存在的当务之"急"，除了对治性举措这些"事"，还有另外更多更深刻的"理"。从"事"中领会"理"正是有待发掘的工作，因为这个"理"关乎国家政治生活的伦理之维，执政党必须引领全体人民实现民族奋进的伟大目标，把共同体推向更高水平和更高境界的民主法治之镜；关乎党员干部党性、责任感和德性义务，该种德性义务可以令党员卓越地完成具体的工作，表现出优美高尚的品格，从而更加务实清廉地为民服务，并展现出党员的风采和形象；关乎亿万国民对于执政党能力、地位和国家未来前途的信任，以核心价值凝聚全社会的力量，因而才能更加紧密地团结起来，抵御并战胜前进路上的各种风险和困难。

---

[1]　习近平：《在党的群众路线教育实践活动工作上的讲话》，新华网，http：//news.xinhuanet.com/politics/2013-06-18/c_116194026.htm。

四、集体主义和为人民服务

实际上非常值得我们深思的是"政治生活"和"伦理生活"这样看似寻常的概念。一个时期以来，政治和生活似乎被分开了，虽然在工作中还有一个固定的时间"过政治生活"，但是政治活动中其实不大看见生活，生活中也不大看见政治。政治生活好像只有在特定的时间才有，才需要。这个现象、这种心理十分值得警惕。政治伦理生活不应该被架空、形式化，相反，应该受到最庄严神圣的对待。从党的十八大以来查处的贪腐案件中，我们可以看出太多的贪腐官员把政治和生活严重对立起来了，政治放在会议上文件上报告上，而绝大部分场合和时间，只有"生活"，即私人生活。私人生活在吞噬政治与政治伦理，并实际地凌驾于政治与政治伦理之上，仿佛政治伦理生活是做给组织看的，是表演给人民群众看的。

政治真的外在于生活吗？或者说政治伦理生活真的属于特殊的"生活"吗？毫无疑问，历史和技术的进步确实让私人生活空间大大拓展，个人交往空间比过去空前扩大了、丰富了。从一定意义上说，马克思主义的宗旨也是要实现自由人的联合体，以这种方式作为人类存在与活动的基本方式。但是这个进程是全部社会生活革命化之后的结果。社会究竟是人的本质还是人发展的外部条件，这是马克思主义和契约论自由主义的一个根本区分；换句话说，马克思主义把人的本质界定为社会属性，因而社会在根本意义上就不是什么个体发展和自由外部框架。不过，私人空间空前增大和交往活动空前发达是一回事，私人生活是否压倒政治伦理生活则是另外一回事。再次反观我们近年来的一些贪腐案件，我们进一步看到个别领导干部在私人生活中几乎完全掏空了政治维度，甚至把政治生活作为私人生活的工具。领导干部和党员必须将自己投身到政治组织中，从日常经验生活（包括财富和名声等）中获得个体尊严，转变成从服务人民中重新获得个体尊严和价值。为此，必须坚持集体主义的道德原则和为人民服务的宗旨。

集体主义之所以成为社会主义的道德原则，并不是简单地集体人多，个体是少数；同样，为人民服务成为宗旨，也不单是说人民群众为国家的建立奉献很多，因而新中国成立后作为报答才要为人民服务。这都是狭隘的理解。从原理上说，集体主义原则是人的类本质在现阶段的实践形态。在一定时期和阶段，党的领导必须采取各种层级及其相应的组织形式。作为政治哲学概念的人民群众，是阶级意识的代表，因而具有世界历史的意义。人的解放过程就是人的类本质的实现、占有和获得的过程，在现有条件下只能表现为个体服从集体。正是在这个意义上，我们才说群众路线教育实践活动是重建政治伦理生活。

同样如此，为人民服务作为宗旨，既不是单纯的现实利益的补偿行动，也不是狭隘地履行一种承诺的契约——建党立党的宗旨规定了为人民服务。必须指出人民一词是在多重意义上被领会的。首先是在哲学，特别是在历史哲学意义上，人民是指物质和精神财富的创造者，社会形态变革的推动力量。其次，在历史表现形态上，人民与普通百姓有着最大的重叠，当然历史精英人物也是来自百姓，并在特定历史条件下成长为领袖。最后，人民的本质是人民性，即在一定社会结构中日益觉醒着的行动与实践中的现实的人。所以为人民服务既有在具体岗位条件下为民办事的内容和特征，更有每一名党员和领导干部获得自身党性、目的和价值的意义。具体时空的人民群众和哲学意义上的人民性是日益结合着的、不可分割的辩证统一关系。

明确这样的关系，我们就可以清楚地回答一种似是而非的疑问。一个城管在执法过程中，遇到乱设摊点的人员，他们自称是人民群众，而执法者、管理者都要为人民服务，所以不应该管理，更不应该"依法取缔"。在实际中，不少党员干部都以此类的"两难"证明为人民服务之不可能性或无操作性。显然，这样的"诘难"在理论上是含混的，在实践上也是有害的。在社会主义建设和发展的某个阶段，局部的、达到一定数量的群体，他们的具体诉求是需要分析的，并不一定和政治哲学意义上的人民性画等号。就上述的具体情形而言，依法行政，热情服务才是主要矛盾。人民群众并不是简单的几个人、十几个人甚至上百人的机械相加。为人民服务是共产党一切活动的价值源泉与根本依据，而不必庸俗化理解成在具体时空下直接为某一个群体未加区分的利益服务。当然从辩证统一关系方面看，为人民服务的宗旨又是每时每刻都落实并体现在为具体的服务对象提供服务上。

第七章

文化自信的中国意义与世界意义

对文化自信的理解向来存在两个误区，即将文化自信完全等同于对中华优秀传统文化的自信，其次是将文化自信中的文化直接看成为政策化的对象，在文化政策与措施的语境下加以理解。完整地把握文化自信应在中国特色社会主义道路自信、理论自信、制度自信的整体联系中加以深刻理解，坚持执政党地位、社会主义核心价值观、人民幸福和人类解放相统一，执政的规律性和合目的性相统一，从而全面领会文化自信这一命题的中国意义和世界意义。

中国历史上出现的每一次文化转向，都发生在对文化危机意识的深切领会和对文化共同体未来命运的深思与担当之际。面临周代两百多年以来文教体系的衰颓以及这种衰颓所表现出来的礼崩乐坏，孔子有过慨叹和忧虑，但更多的是天命感的莅临和道不远人、求仁得仁的信念。翻开任何一本古代经典，无论是古希腊的还是古印度的，我们几乎找不到哪一本、哪一个人像孔子在《论语》中表现的那样，在温文尔雅之余又能鲜明地展现出种种情绪，甚至"脾气"，如自信（天将以夫子为木铎）、自叹（天丧予）、责怪（朽木不可雕也）、怒气（是可忍孰不可忍）、愠怒（今女安，则为之）。毫无疑问，这种情感的表露绝非单纯的经验性心理的外显，如任性或难以自控，也不完全是社会交往中的高兴不高兴、快乐不快乐的情绪及其体验，更重要的是伦理性情感。

一言之，这是一种出于文化和世道人心的关怀意义上的情感，故而本身就是一种伟大的德性。夫子删《诗》《书》，定《礼》《乐》，赞《周易》，修《春秋》，继往开来，恰恰是为共同体政治、伦理、文化生活奠基，塑造着这个民族的精神气质。马克思曾在1845年的《德意志意识形态》中写道："思想、观念、意识的生产最初是直接与人们的物质活动，与人们的物质交往，与现实生活的语言交织在一起的。人们的想象、思维、精神交往在这里还是人们物质行动的直接产物。表现在某一民族的政治、法律、道德、宗教、形而上学等的语言中的精神生产也是这样。"[1] 为民族中贤哲所开创的精神事业以及在事业的感召下形成的瓜瓞绵绵，则构成这个民族不断汲取的丰厚资源，于是先贤的努力就形成其当然的中国意义，而且还是开创性的；当然是否构成世界意义则是对我们今天中国人来"加以填充"的重大拷问，而文化自信从某种意义上说正是一种对该项精神事业进行"充值"的行动。

一、作为天下情怀的民族精神

孔子与孟子等贤哲的这种出于扶危拯救的儒家情怀，两千年来影响并感召着中国的知识分子，因而就自然地成为人格榜样。虽然在历史上

---

[1] 《马克思恩格斯文集》第1卷，人民出版社2009年版，第524页。

有过儒释道的对抗与交流，但"致君尧舜上，再使民风淳"始终是主导性的文教理想、治国理念和入世理想。与此相应，天道、人伦和世情的内在体验和习俗，在历史中被理解、固化为礼，所谓缘情制礼。全部的礼治观念调整了人们的思想与行为，并构成评判一切的根本依据。两千年来，未尝有根本转变。

可是，从鸦片战争以来，这种稳定的历史与文明的叙事，虽说中间也有间歇性的中断和曲折，但也始终处在进展之中，因此也表现出带有时代特征的政教形态，此时却受到了空前的挑战。出自统治集团内部成员的晚清重臣李鸿章之口的"三千余年一大变局也"①，就是遭遇到挑战时的惊呼。我们今天无论怎么对之思考都是不过分的。这个"局"变在何处？大致说来有两点值得我们注意。

首先，夷夏之辨的世界观受到了强烈的质疑，进而根本上难以坚守。从周代分封建制，天子位居中央即中国，依照亲亲、尊尊、贤贤的次第为诸侯簇拥、万民拱卫；秦汉以来的郡县基本上维系了大一统的格局。世界观在这里主要表现为天下观，政治治理的最高境界就是天下为怀，日常状态则是远怀近集，而最低限度是夷夏之防，即防御四夷之来犯。然而鸦片战争的残酷结局，特别是第二次鸦片战争的结局，明明白白地显示了这种天下政治空间和世界格局想象是错误的，尤其是"诸夷"在此上溯一百年经过了工业革命，世界历史的叙事主体不是夷夏之争，而是成为工业文明与农耕文明，因而在人类的既有状况即表现为西方与东西的从属之争。诚如马克思、恩格斯在《共产党宣言》中所指出的那样："资产阶级使农村屈服于城市的统治。它创立了巨大的城

---

① 贾祯等编：《筹办夷务始末》（咸丰朝）第71卷，中华书局1979年版，第18页。

市，使城市人口比农村人口大大增加起来，因而使很大一部分居民脱离了农村生活的愚昧状态。正像它使农村从属于城市一样，它使未开化和半开化的国家从属于文明的国家，使农民的民族从属于资产阶级的民族，使东方从属于西方。"① 正因为对这一普遍事实的浑然不知，所以通过两次鸦片战争而来的"自强"和"新政"，及其所表现出来的洋务运动，注定是无济于事的，"师夷制夷"的"御侮"方略注定是一次不够清醒的政治、军事自觉。

其次，与政治（含军事）上的抵抗态度的反应不同，社会与文化层面在惊愕之余，开始了放眼看世界。从《海国图志》的译介到五四新文化运动，则构成"别求新声于异邦"的痛彻领悟。一度与道统保持同一的知识阶层开始了反思，并做出了选择和判断。如果说，两千年来的天下意识与王臣王土观念，只不过是一种真正意义上世界之普遍理念的主观认识的话，那么，中国的历史叙述与发展，也仅仅是这种主观性之内的差别意识的表现。一旦这样的主观性与看上去与自身相对的实存的现象界，即外邦、四夷的世界格局相对时，就构成了自我与他者的两个判断。尽管这两者都是世界史之普遍性的统一，但是在具体的世界进程中，则完全因为各自的范围和有限性，而构成反思判断，并使双方处在相对关系中。郭嵩焘式的历史换位思考形象地揭示了这个窘境，因为三代礼教隆盛，"远之于中国而名曰夷狄"，而今西方国家的富强文明程度远超中国，"其视中国亦犹三代盛时之视夷狄也"②。可见，夷夏观受到挑战，观念更新势在必行。

---

① 《马克思恩格斯文集》第 2 卷，人民出版社 2009 年版，第 36 页。
② 郭嵩焘：《郭嵩焘日记》第 3 册，湖南人民出版社 1982 年版，第 439 页。

黑格尔在谈及"认识"时曾指出，"理念作为被规定为普遍性的主观性，是在它自身内的纯粹差别，——是直观，这直观在这种同一的普遍性内保持其自身。但理念作为特定的差别，就是进一步的判断，它把作为全体性的自身从自身中排斥出去，因而首先假定其自身为一外在的宇宙。于是便有了两个判断，这两个判断虽潜在地是同一的，但还没有实现其同一性。这两个理念，就其潜在地和作为生命来说是同一的，但它们的关系却是相对的，而这种相对性便构成它们在这个范围内的有限性的规定。这就是反思关系，由于在反思关系里，理念在它自身内的区别中只是第一判断，即一种前提，还不是把它当作一种设定。因此对主观理念来说，客观性就是那直接出现在面前的世界，或者作为生命的理念就是个体的实存的现象界"①。这里虽然借用黑格尔在逻辑学概念论中的说法，但绝非表示这半个世纪的思想探索仅仅是一种思想家的内在的思辨活动，他们都是以全部的生命来投入这一苦苦求索中，因而也是成果丰硕的，其中形成的众多话题与命题，依然值得今天的思考者接续，并通过与之对话的方式洞察这个民族的未来发展。

出于反思的初步性，这种相对立的关系在历史中表现为一种学习态度和文化上的不自信，两者以矛盾的方式相结合，矛盾地触及着中国的问题。实际上学习态度总是一定意义上的自觉，在历史中展开为奋发图强，救亡与启蒙之意图与举动；然而伴随这样的自觉却又是一种不自信，这种不自信主要是指向数千年来传统文教体系的怀疑，甚至否定。古今问题、中西问题，从此异常明晰地进入中国人的思想视野，直至今

---

① 黑格尔：《小逻辑》，贺麟译，商务印书馆 1980 年版，第 223、224 节，第 409～410 页。

天已成为我们每一个知识人思考时始终绕不开的四个维度。自觉与不自信（对历史的）奇怪的结合，因而也成为近代中国约半个世纪的思想历程和文化样态——就今天来看，就当然地成为我们今天的传统之一。

二、近代的精神接力

正如学者看到的那样："挑战—回应"模式不仅运用于中国，而且似乎也为一切前现代文明的非原发的现代化历程提供了基本的叙述框架。由于西方文明首先孕育和发展了现代性，而其他文明被迫但是无可避免地卷入了全球现代化的历史过程中。[①] 20世纪20年代一批先进分子开辟的道路，无疑已经带有了真正的中国意识和世界意识，因而他们的探索道路和探索历程也才真正具有了中国意义和世界意义。这种历史抉择的重大后果反过来也说明了他们的先进性。

客观地说，这股"挑战—回应"的伟大实践，并非作为先进分子的共产党人的单边努力，应该看到这是一股奋力抗争的洪流，包括各党派和团体，甚至还包括学者个体，如鲁迅、梁漱溟及其高足费孝通。不同于具有传统风骨的知识分子，他们各自采取新的视角来思考民族的现实和命运。作为新文化运动旗手之一的鲁迅，虽然与"左联"保持密切联系，但他同时几乎是以孤军奋战的方式在暗夜中倔强地前行。经过一段乡土情结之后，鲁迅开始了"踢鬼成人"运思，于《呐喊》与《彷徨》中渴慕这个民族精神结构发生刮骨疗伤式的现代转变。他的每

---

① 丁耘：《中国崛起时代如何重新思考现代性》，《学术月刊》2014年第6期，第12~14页。

一次悲愤都不是绝望，而是一种心灵的温暖。他几乎没有从制度层面而是从精神层面开启他的思考，这反倒令他同时具有了中国意义和世界意义。梁漱溟通过《乡村建设理论》《中国文化要义》等著述为这种求索作出了令人感佩的努力和成绩。此种孜孜矻矻的上下求索，理所当然地应该归于一种文化自觉与省思，更弥足珍贵地表现为一种道路探索。真正提出一种文化自觉的还是他的学生费孝通。集中于 20 世纪 40 年代付梓问世的《内地农村》《生育制度》《乡土中国》《乡土重建》，为他的现代中国思路设计画出了一道独特的坚实足迹。

正如我们今天的中国人应该不断回望先秦这个源头一样，我们同样也需要接续鲁迅、梁漱溟和费孝通等思想者的话题，在理解中对话，在对话中理解，获得一次次再起航的信心。如果说从精神结构、社会组织及其重建和乡土性的考察带有个体性印记的话，那么，各方政治势力对于中国制度方案设计及其实际行动（即革命），则构成另一幅扣人心弦的近现代史画卷。

在洋务派的师夷制夷御侮之后，还有统治阶级内部的反省，尝试去振作。然而积重难返，这种振作的努力，在当时的"新形势下"完全不得要领，模仿他国的道路和模式，已经没有机会了。出于对现代国家概念的初步认识，可是在行动上的"驱除鞑虏"革命依然不得要领。内部危机、列强环伺的背后是生产方式及与之相联系的生存与交往方式的较量。纵然清政府退居关内，归还中华给中华了，但现代国家依然难以孕育而出，因为问题的根源不是在这里。不过，这一路而来的探索也留下后来可资借鉴的成果，比如"中华民族"这个概念的诞生。现代国家的进程往往又伴随着民族的觉醒与自治，然而随历史传统而来的各民族聚居又杂居的现实表明，必须创造性理解与运用民族、国家概念。梁启超在《中国史叙论》一文中首次提出了"中国民族"的概念；在此基础上，1902 年正式提出了"中华民族"。稍后，他在《论中国学术思想变迁之大势》《历史上中国民族之观察》等论述中，从历史演变的角度重点分析了中国民族的多元性和混合性，并断然下结论说："我中华民族，本以由无数支族混成，其血统与外来诸族杂糅者亦不少。"①费孝通先生在 1988 年提出的"中华民族多元一体格局"的理论，②也可看作是梁启超首创的多元、平等的民族史观的继承和升华，从而民族精神、民族情感的凝聚和象征真正得到提炼和把握。

可以看出，中华民族的概念不是各个既有民族简单机械的物理相加，不宁唯是，它是各个民族在历史生活中民族观念的化学反应。中华民族概念是对夷夏、诸夏观念的扬弃，是在面临空前危机情形下的构造，是对过去以及当时所有建国思想的超越和最高想象，而且还天然带有将这个中华民族之共同体引向世界的极大可能性。在面对中国—世界、当下—未来、资本—农耕、启蒙—救亡、挑战—回应、传统—现代等一系列重大命题的严峻考验时，马克思主义及其指导下的中国革命开启全新的道路，并通过自身的建设和发展，克服各种困难，廓清种种谬误，最终获得了革命—现代国家的命题的主导权和话语权。从建党到新中国成立大概是三十年，从新中国成立到改革开放也是三十年，从开放到今天是四十多年，一般地，思想界都在讨论改革开放前后的两个三十

---

① 梁启超：《中国历史上民族之研究》，《饮冰室合集·专集》之四十二，中华书局 1989 年版，第 3 页。

② 费孝通：《中华民族多元一体格局》，中央民族大学出版社 1989 年版。见书名。

年，然而新中国成立前后也有两个三十年。① 这里我们还要上溯，把视角投向新中国成立前的一百年。虽然这里存在新旧民主主义革命（1919 年）的分野，但这只是革命领导权的差别，革命的基本任务则未尝变化，即便是稍后的 1921 年发生了被判定为"开天辟地"的大事。所以，视角回溯的目的就是把鸦片战争以来的求索、奋进历程一起带入眼帘。正如当前我们认同且熟知的"'改革开放'前后两个三十年不构成互相否定"一样，新中国成立前后的两个时段，也需要提供出一个洞见。也就是说，建党和新中国成立虽然把前后在政治上划分为两个阶段，但是在民族主义、现代国家的制度、道路和理论上，每一个前后又存在着密切关联。比如毛泽东在《五四运动》中就再次重申了中国革命的对象"一个是帝国主义，一个是封建主义"，而且目前"所做的一切，不超过资产阶级民主革命的范围"。② 如果要问鸦片战争以来，中国出现的政治文献哪一份是最重要的，我们认为可以这样回答，即人民英雄纪念碑碑文。"三年以来，在人民解放战争和人民革命中牺牲的人民英雄们永垂不朽！三十年以来，在人民解放战争和人民革命中牺牲的人民英雄们永垂不朽！由此上溯到一千八百四十年，从那时起，为了反对内外敌人，争取民族独立和人民自由幸福，在历次斗争中牺牲的人民英雄们永垂不朽！"③ 这是一份气壮山河、博大深沉且荡气回肠的宣言。三年、三十年、1840 年以来，作为一个整体，是非常了不起的贯通思维和整体洞察。民主革命、土地革命、抗日战争、解放战争构成新中国

---

① 虽然现在改革开放已有四十余年，但是 2008 年，关于前后"三十年"成为热议的话题，本书继续沿用之。特此说明。
② 《毛泽东选集》第 2 卷，人民出版社 1966 年版，第 526 页。
③ 《毛泽东文集》第 5 卷，《人民英雄永垂不朽》，人民出版社 1996 年版，第 350 页。

的不可或缺的历史叙事环节。

反对内外敌人、争取民族独立和人民自由幸福，这三种任务令在中国发生的持续而伟大的实践具有了世界意义，更不消说中国意义了。就历史事实而论，为何我们说中国共产党的求索实践、建国方略优越于洋务派、维新派、辛亥革命派及其后继者国民党呢？这个问题是带有总体性的，这里只从一个角度，即指导思想的角度来加以阐明。

为共产党接受的马克思主义从某种意义上并不能算作诸理论的一种，好像它们都是并列摆放着，因而就可以各取所需似的。正像上面说的中华民族这个提法大大优越于一般而言的夷夏或诸夏民族理论一样，马克思主义的科学性和革命性之自身特点，让"开天辟地"这个判断有了牢靠的根基。虽然这个理论是"外国的"，甚至可以说是源自西方的，其所针对的还是资本主义社会制度，但是整个理论的着眼点是社会发展规律，全部的根基是历史唯物主义和辩证唯物主义。那个为人熟知的说法"马克思主义坚持了科学性和革命性的统一"究竟是什么意思？所谓科学性就是指它既是建立在科学基础之上的，又是关于自然、社会和思维发展普遍规律的科学，即科学基础上的历史哲学，因而天然地具有世界意义。所谓革命性就是指把变革旧世界作为自己的任务，同时把建设新世界作为自己的目的。当然任务和目的也不是两项工作，实际上全部的工作只有一个，即"全部问题都在于使现存世界革命化，实际地反对并改变现存的事物"①。这样一来，科学性和革命性的统一无非是说世界历史的进程和人类自身的解放是统一的，主观性的历史和客观性的历史是统一的，因而坚持马克思主义为指导的革命和建设道路所包

---

① 《马克思恩格斯文集》第 1 卷，人民出版社 2009 年版，第 527 页。

含的中国意义和世界意义可以也应该是统一的。

这个统一基础又是什么呢？理论上我们可以立即回答，是实践。具体又如何理解？实际上，具体的理解恰恰展开为毛泽东等中国共产党人对马克思主义的理解、运用和发展。实践在哲学意义上总是可以说成，从自身发出，为了自身之缘故，朝向自身目的的活动，并在活动中改造客观世界与主观世界。从建党以来的革命、建设和改革活动，正好是从中国实情出发，为了现代中国，朝向共产主义人类解放的历史进程的步步推进；而主客观世界的改造，则体现为吸收、发展马克思主义、建设现代中国与现代中国人及其中国精神的互动与塑造。党的成立有个确定的时间点，正如新中国成立也有一个确定的时间点一样，但是领导中国革命，成为执政党，建设国家，为人民争取自由幸福的诸活动，则必须通过历史进程（甚至是牺牲）来完成彼此的塑造和建构。就像毛泽东思想（特别是关于新民主主义革命的思想）之于中国革命一样，中国的道路、制度、理论和中国人精神、国家观念及其认同，也是一个相互建构的过程和关系。这就是我们说改革开放前后三十年不可以互相否定，同样，新中国成立前后乃至任何一个传统都是"我们的"，也不能彼此否定。

三、文化自信的完整内涵

所谓自信，就是对于进程或者说历史必然性主观认同，并对那由此而来的结果报以积极的态度，犹如看到青青秧苗就能想到秋天的收获，看到涓涓细流的汇入就能想到江水的浩荡。这也是真理自身带来的力量。文化自信在根本上说就是对国家、民族、人民所处的道路、制度和所坚持的理论采取一种认同和希求的心理倾向，并愿意为之奉献的情感与伦理态度。马克思说过："意识〔das Bewuβtsein〕在任何时候都只能是被意识到了的存在〔das bewuβte Sein〕，而人们的存在就是他们的现实生活过程。"① 文化自信一旦成为一种自觉的意识，那么，自然也就成了我们今天实实在在的生活过程。

2016 年 5 月 17 日，习近平总书记在哲学社会科学工作座谈会上的讲话中指出："站立在 960 万平方公里的广袤土地上，吸吮着中华民族漫长奋斗积累的文化养分，拥有 13 亿中国人民聚合的磅礴之力，我们走自己的路，具有无比广阔的舞台，具有无比深厚的历史底蕴，具有无比强大的前进定力，中国人民应该有这个信心，每一个中国人都应该有这个信心。我们说要坚定中国特色社会主义道路自信、理论自信、制度自信，说到底是要坚定文化自信。文化自信是更基本、更深沉、更持久的力量。"② 这里直接而鲜明地把文化自信的指向和坚定中国特色社会主义道路自信、理论自信、制度自信确立下来，澄清了在理解这个问题上的晦暗不明。

的确，除了上述提及的"前后三十年关系"疑惑之外，社会上还流传着各种思潮，有的还具有"国家哲学"的外表而显得大有深意，但是实际上不过是一些空疏的"外部反思"而已。因为我们看到与真正文化自信相匹配的是一种价值体系和价值观；而说到价值观，一大批

① 《马克思恩格斯文集》第 1 卷，人民出版社 2009 年版，第 525 页。
② 习近平：《在哲学社会科学工作座谈会上的讲话》，新华网，http：//news. china. com/domesticgd/10000159/20160519/22684159. html。

人开始对马克思主义指导思想、中国特色社会主义共同理想、以爱国主义为核心的民族精神和以改革创新为核心的时代精神，这四个方面感到不理解、不满意，因此就提出另外一套"应该"，比如构想单纯的仁义礼智信，还要加上忠孝廉耻勇等，好像只有这样才更加符合他们所期许的"应该"。黑格尔曾指出，在这个领域"国家哲学"中盛行的，乃是"空虚反思"的忙迫活动，这种活动完全依照主观的"应该"来设计谋划，与现实无关涉，但却大受嘉许和欢迎——与现实分离所造成的真正的肤浅被当成深刻的东西。按照这种主观思想的观点，似乎世界上从未有过国家和国家制度，但现在伦理世界正等待着遵循主观思想的"应该"来行事。① 所以，对于价值观的所谓分歧，本质上是一种割裂，即把传统和近代、现代、当代作了切割，仿佛"返本"是唯一的"开新"之路了。

再如一个时期以来，西方经济学在中国十分流行，结果马克思主义政治经济学反倒被边缘化了。或者，自由主义因为其坚持了政府与市场的所谓"无为而治"的关系，再加上中国也在改革中采取了"简政放权"一系列措施，于是包含政治经济学在内的马克思主义在某些人那里也一同被疏远了。无论是单纯"返本开新"的保守主义还是以自由的市民社会而标榜的自由主义，都在根基上被马克思主义深刻评判过。"马克思主义的生命力在于科学分析，特别是对资本主义的起源与命运的科学分析。资本主义的全球扩张、中国和印度等的崛起在一定程度上削弱了西方中心论，削弱了西方文明在资本主义世界的主导权，加强了

---

① 吴晓明：《论黑格尔对主观思想的批判》，《求是学刊》2011年第1期，第37~43页。

非西方文明的自信和自觉。但这并不会褫夺马克思主义的力量，恰恰相反，马克思主义比任何保守主义和自由主义都更多地注重资本主义的扩张本性对人类生活与交往带来的历史性影响。这正是马克思主义的政治经济学和社会学的力量所在。"① 这里必须顺便澄清一个误解，即把文化自信等同于文化强国或者发展文化软实力。两者并不在一个层次上。简言之，文化的发展与繁荣，这里文化是宾词，处在宾格的位置；而文化自信的文化，更具有副词性质，即在文化观念上（道路、制度和理论的统一）以更加自信的方式去存在与发展。

2016 年 10 月 23 日，习近平总书记在纪念红军长征胜利 80 周年大会上的讲话指出："在新的长征路上，我们要坚信，中国特色社会主义道路是实现社会主义现代化的必由之路，是指引中国人民创造自己美好生活的必由之路。中国特色社会主义理论体系是指导党和人民沿着中国特色社会主义道路实现中华民族伟大复兴的正确理论，是立于时代前沿、与时俱进的科学理论。中国特色社会主义制度是当代中国发展进步的根本制度保障，是具有鲜明中国特色、明显制度优势、强大自我完善能力的先进制度。中国特色社会主义文化积淀着中华民族最深层的精神追求，代表着中华民族独特的精神标识，是中国人民胜利前行的强大精神力量。这一点，不仅已经在理论上被证明是正确的，而且在实践上也被证明是正确的。"② 道路、理论和制度的自信，或者说包含这三个方面的文化自信，就是全部中国人，整个中华民族的心理与精神状态，不

---

① 丁耘：《中国崛起时代如何重新思考现代性》，《学术月刊》2014 年第 6 期，第 12~14 页。

② 习近平：《在纪念红军长征胜利 80 周年大会上的讲话》，新华网，http://news.xinhuanet.com/2016-10/21/c_1119765804_3.htm。

过关键的依靠力量则是中国共产党。历史发展规律、执政党的执政规律及其所提倡的社会主义核心价值观，在正当性、合目的性与价值层面发生真正统一，必须依靠中国共产党，因而也就逻辑地必须加强执政党建设。

中国从睁眼看世界，到民族独立，再到"入世"，一路而来可谓筚路蓝缕、披肝沥胆。"入世"意味着中国走出了一条自己的道路，然而颇有些吊诡的是，这期间我们了解到各种形形色色的历史终结论，比如，亚历山大·科耶夫所谓"普遍同质国家"论说、弗朗西斯·福山所谓"历史终结"论说。果真如此吗？筚路蓝缕的历程，却只换来普遍同质国家的结局吗？而且这个普遍与同质，还只是与美国模式的普遍和同质。人类社会真的最后会终结在"和美国一样"的状态吗？近年来中国的努力和成就以及关于自身与世界的关系表明，文化自信中的中国不仅仅是入世，还有更加积极的态度，即不忘初心，那就是永不停歇地改造客观世界并一同改造主观世界。"中国将积极参与全球治理体系建设，努力为完善全球治理贡献中国智慧，同世界各国人民一道，推动国际秩序和全球治理体系朝着更加公正合理方向发展。中国外交政策的宗旨是维护世界和平、促进共同发展。中国始终是世界和平的建设者、全球发展的贡献者、国际秩序的维护者，愿扩大同各国的利益交汇点，推动构建以合作共赢为核心的新型国际关系，推动形成人类命运共同体和利益共同体。"① 人类命运共同体的观念，就是这种全球治理的最新理念，这将构成人类社会迈向共产主义伟大进程这一历史课题的阶段性

---

① 习近平：《在庆祝中国共产党成立 95 周年大会上的讲话》，新华网，http：//news. xinhuanet. com/politics/2016-07/01/c_ 1119150660. htm。

的准确表述和最新成果，其中的中国意义和世界意义是不言而喻的。

总而言之，文化自信与中华优秀传统文化密切相关，同时也需要认真吸收、借鉴外来文化。但是我们要澄清对文化自信理解的两个误区：首先是将文化自信等同于对中华优秀传统文化的自信，其现实表现为大谈儒学、国学等；其次是将文化自信中的文化直接看成政策化的对象，在文化政策与措施的语境下进行理解，其现实表现为将文化与政治、经济并列。